懐かしい
沿線写真で訪ねる

近鉄大阪線
南大阪線
街と駅の1世紀

生田 誠

昭和の街角を紹介

今里駅に到着する1400形。(昭和41年)
撮影：J.WALLY HIGGING

アルファベータブックス

CONTENTS

戦前の時刻表 ……………………………………… 4

第1部　大阪線

大阪上本町 ……………………………………… 6
鶴橋、今里 ……………………………………… 10
布施、俊徳道 …………………………………… 12
長瀬、弥刀、久宝寺口 ………………………… 14
近鉄八尾 ………………………………………… 16
河内山本 ………………………………………… 20
高安、恩智 ……………………………………… 22
法善寺、堅下、安堂 …………………………… 24
河内国分、大阪教育大前 ……………………… 26
関屋、二上、近鉄下田 ………………………… 28
五位堂、築山 …………………………………… 30
大和高田、松塚 ………………………………… 32
真菅、大和八木 ………………………………… 34
耳成、大福、桜井 ……………………………… 36
大和朝倉、長谷寺、榛原 ……………………… 38
室生口大野、三本松、赤目口 ………………… 40
名張、桔梗が丘 ………………………………… 42
美旗、伊賀神戸、青山町 ……………………… 44
伊賀上津、西青山、東青山、榊原温泉口 …… 46
大三・伊勢石橋・川合高岡 …………………… 48
伊勢中川 ………………………………………… 49

第2部　南大阪線、長野線

大阪阿部野橋 …………………………………… 52
河堀口、北田辺、今川 ………………………… 58
針中野、矢田 …………………………………… 60
河内天美、布忍、高見ノ里 …………………… 62
河内松原、恵我ノ荘、高鷲 …………………… 64
藤井寺 …………………………………………… 66
土師ノ里、道明寺 ……………………………… 68
古市、駒ヶ谷、上ノ太子 ……………………… 70
貴志、富田林、富田林西口 …………………… 72
川西、滝谷不動、汐ノ宮、河内長野 ………… 74
二上山、二上神社口、当麻寺、磐城 ………… 76
尺土 ……………………………………………… 78
高田市、浮孔 …………………………………… 80
坊城、橿原神宮西口 …………………………… 82
橿原神宮前 ……………………………………… 84

大軌、参急、関急電鉄沿線案内（昭和13年）

大阪電気軌道（大軌）は、系列の参宮急行電鉄（参急）、関西急行電鉄（関急電）を設立し、3社の路線によって昭和13年に上本町～名古屋間の全通を果たした。昭和15年に参急は関急電を合併。昭和16年に大軌と参急が合併して関西急行鉄道へ改組された。

[コラム]

朝護孫子寺への参詣鉄道として登場した信貴線 ‥ 21
信貴線開業と同時に開通した西信貴鋼索線 ……… 21
青山峠旧線の風景（伊勢上津～榊原温泉口間）…… 45
近鉄の譲渡路線、伊賀鉄道伊賀線 ………………… 45
伊勢志摩特急が疾走する
観光路線の山田線、鳥羽線、志摩線 ……………… 50
大和川を渡る近鉄最古の路線の道明寺線 ………… 69
通勤と葛城山へのアクセス路線の御所線 ………… 79
大手私鉄が営業する唯一の
索道の葛城山ロープウェイ …………………………… 79
橿原神宮 ………………………………………………… 83
近鉄随一の山岳路線吉野線の懐かしい風景 ……… 86

提供:近畿日本鉄道

大軌ビルディング（昭和初期）

大正15年に完成した大阪電気軌道のターミナルビル。地下から地上3階まで「三笠屋百貨店」が入居。昭和11年からは「大軌百貨店」となり、「近鉄百貨店上本町店」へと発展した。

所蔵:フォト・パブリッシング

**大鉄電車沿線略図
（昭和15年〜18年）**

昭和18年に関西急行鉄道へ合併されるまでの大阪鉄道（大鉄電車）時代の沿線略図。現在の南大阪線を中心とする路線網が築かれていた。

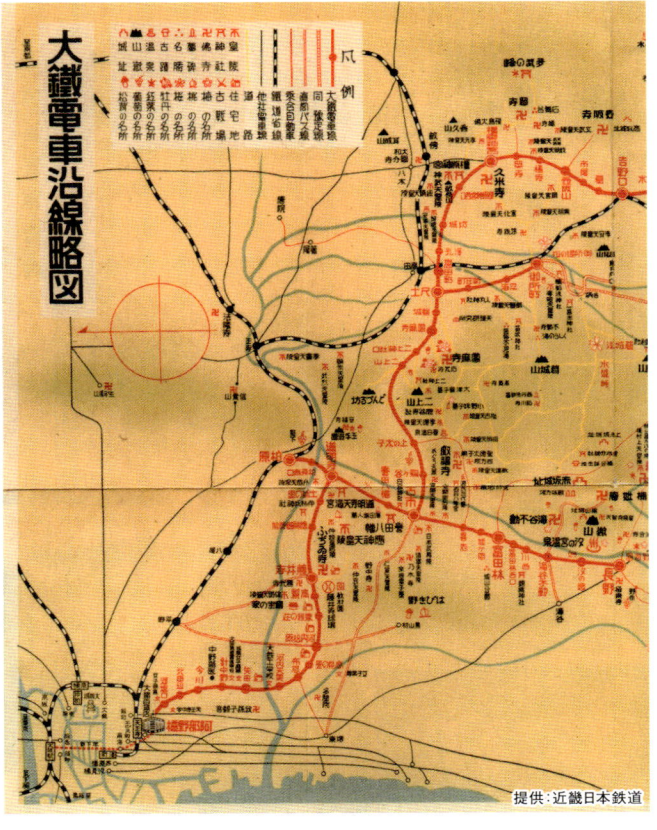

提供:近畿日本鉄道

戦前の時刻表

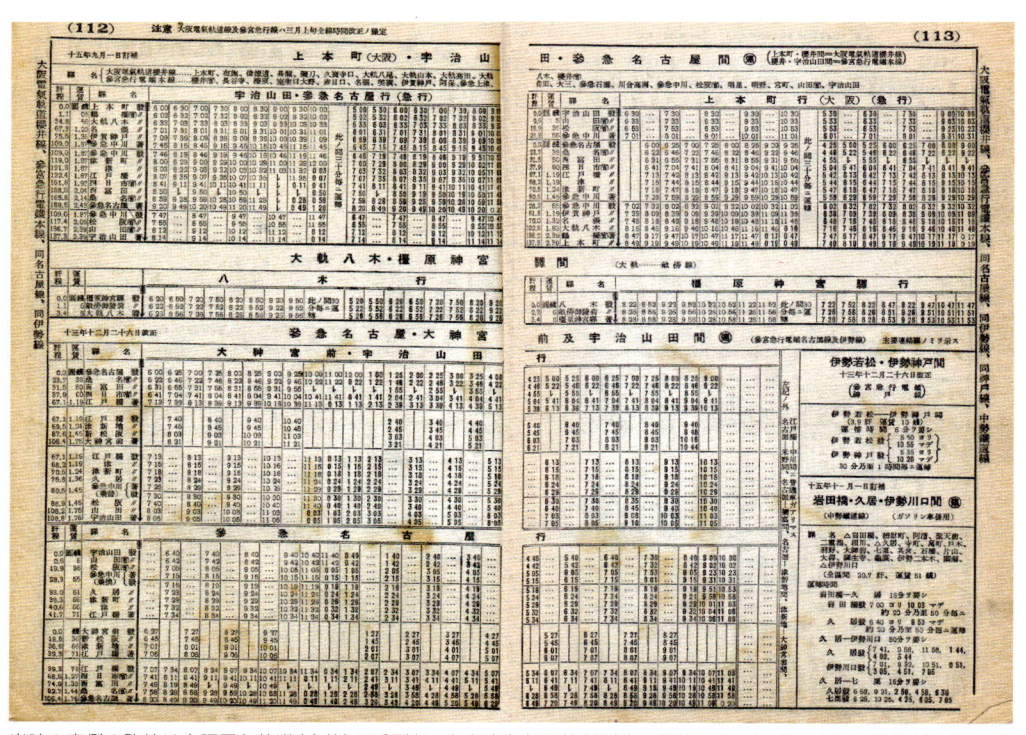

当時の東側の路線は大阪電気軌道(大軌)の系列だった参宮急行電鉄(参急)の路線であった。後に大軌と参急が合併し、関西急行鉄道を設立、戦時統合で関西急行鉄道と南海鉄道が合併し、近畿日本鉄道が誕生した(昭和22年に南海電気鉄道へ旧南海鉄道路線を譲渡)。上本町～名古屋間の時刻表。近鉄の名古屋駅は、大阪電気軌道(大軌)の系列会社であった関西急行電鉄の関急名古屋駅として開業後、昭和15年に参急名古屋駅へ改称した。

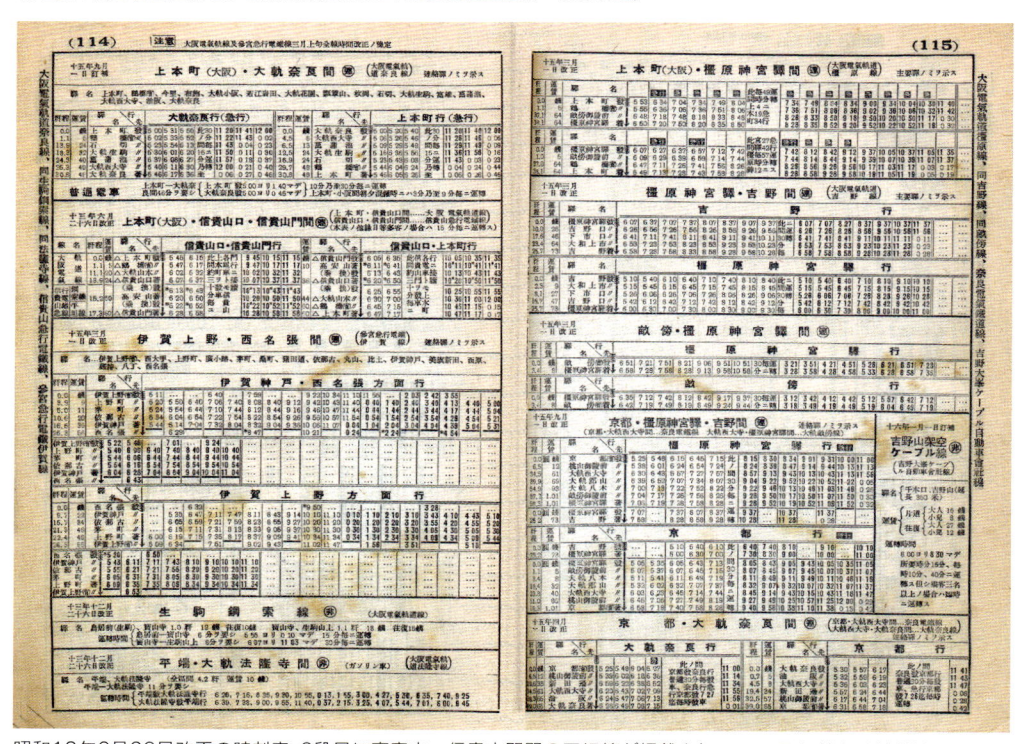

昭和13年6月26日改正の時刻表。2段目に高安山～信貴山門間の平坦線が掲載されている。平坦線とは鉄道線のことで、当時は高安山駅から信貴山門駅まで鉄道が走っていた。3段目には、参宮急行電鉄時代の伊賀線(昭和15年3月1日改正)。当時は西名張まで路線があった(昭和39年に伊賀神戸～西名張間廃止)。右は昭和15年3月1日改正の時刻表。橿原神宮駅と記してあるのに注目。時刻表の他駅には駅が付いていない(例：上本町、吉野)。これは当時、橿原神宮駅と、駅名の中に駅があり、その駅という意味を伝えている。橿原線の旧路線名である畝傍線の表記も見られる。

第1部
大阪線

　この大阪線は近鉄の中では最も長く、日本の私鉄の中でも東武伊勢崎線に次ぐ2番目の長さをもつ路線である。大阪市天王寺区の大阪上本町駅から、三重県松阪市の伊勢中川駅まで、108.9キロメートルの営業距離を誇る。

　その歴史は大正3（1914）年開業で、「大軌」の名称で親しまれた大阪電気軌道に始まり、後に参宮急行電鉄（参急）の路線を合わせて、近鉄の大阪線が出来上った。現在、大阪から名古屋・伊勢志摩方面を結ぶ特急が通る近鉄の主要路線となっている。

昭和33年

撮影：J.WALLY HIGGING

長瀬付近を走る初代ビスタカー。登場したばかりの頃である。

Ōsaka-Uehommachi St.
大阪上本町
おお さか うえ ほん まち

大阪上本町駅は大阪線・奈良線の起点
大正3年、大阪電気軌道の始発駅から

【大阪上本町駅】

開業年	大正3（1914）年4月30日
所在地	大阪市天王寺区上本町6-1-55
キロ程	0.0km（大阪上本町起点）
駅構造	地上駅・地下駅 9面8線（うち地上7面6線）
乗降客	76,230人

大正時代

昭和30年頃

▲ 上六の元大軌本社ビル
ターミナルビルは、近鉄の直系会社にあたる大阪電気軌道（大軌）が建設し、本社を構えていたビル。写真は近鉄時代で、本社は阿部野橋にあった。本社が上本町に戻るのは昭和44年のこと。
所蔵：フォト・パブリッシング

▲ 大阪電気軌道上本町駅
道路拡幅前の上本町駅界隈。駅舎の屋根上に大きく、なら行とある。手前の路面電車は大阪市電。
所蔵：青木浩二

▶ 道路拡幅後の上六交差点付近
上本町六丁目は略して上六と呼ばれて親しまれている。右に写るのは上本町駅ターミナルビルで、大阪、高田、八木間全通とある。

現在

◀ 大阪上本町駅
大阪上本町駅と近鉄百貨店上本町店。

昭和初期

所蔵：青木浩二

　現在の大阪上本町駅は大正3（1914）年4月、大阪電気軌道（大軌）の上本町駅として開業した。このときは現在地よりも北に位置し、大正15年の道路拡張時に南側に移転している。新しく建設されたのは日本初の駅ビルで、昭和11（1936）年には増改築により、大軌百貨店もオープンした。これが近鉄百貨店上本町店の前身である。なお、駅ビルの設計者は建築家の武田五一、片岡安であった。

　上本町駅は開業以来、大阪線、奈良線の始発駅であり、当初は3面2線の構造となっていた。移転した後は、出発線と到着線が立体交差し、乗車ホームの手前に設けられた降車ホームで乗客を降ろした後、乗車ホームに入線するスタイルを取っていた。その後、この方式は改められ、大阪線と奈良線のホームが分離。大阪線と奈良線は、櫛形ホーム9面8線の4面ずつを使用するスタイルとなった。

　昭和45（1970）年に近鉄難波（現・大阪難波）駅までの延伸（現・難波線）が開通し、奈良線の列車や一部の大阪線特急の始発駅は難波駅となった。このとき、相対式2面2線の地下ホームが設けられ、奈良線の列車などが使用するようになった。現在は6面7線の地上ホーム（1階）からは、大阪線の列車が発着し、地下ホーム（地下3階）からは奈良線や阪神なんば線直通列車及び一部の大阪線の特急が発着している。

大阪線

櫛形ホームの上本町駅
昭和41年
当時は奈良線も地上ホームだった。写真に写る行先表示器は大阪線用。
撮影：今井啓輔

上本町駅
昭和41年
駅ビル新館が出来る前の上本町駅。背後に写るのは大正15年開業の上本町ターミナルビル。
撮影：今井啓輔

上本町六丁目
昭和30年頃
大阪市電が行き交う上本町六丁目の風景。写真右が近鉄上本町駅のターミナルビル。
所蔵：フォト・パブリッシング

古地図探訪
大阪上本町駅付近
昭和7年

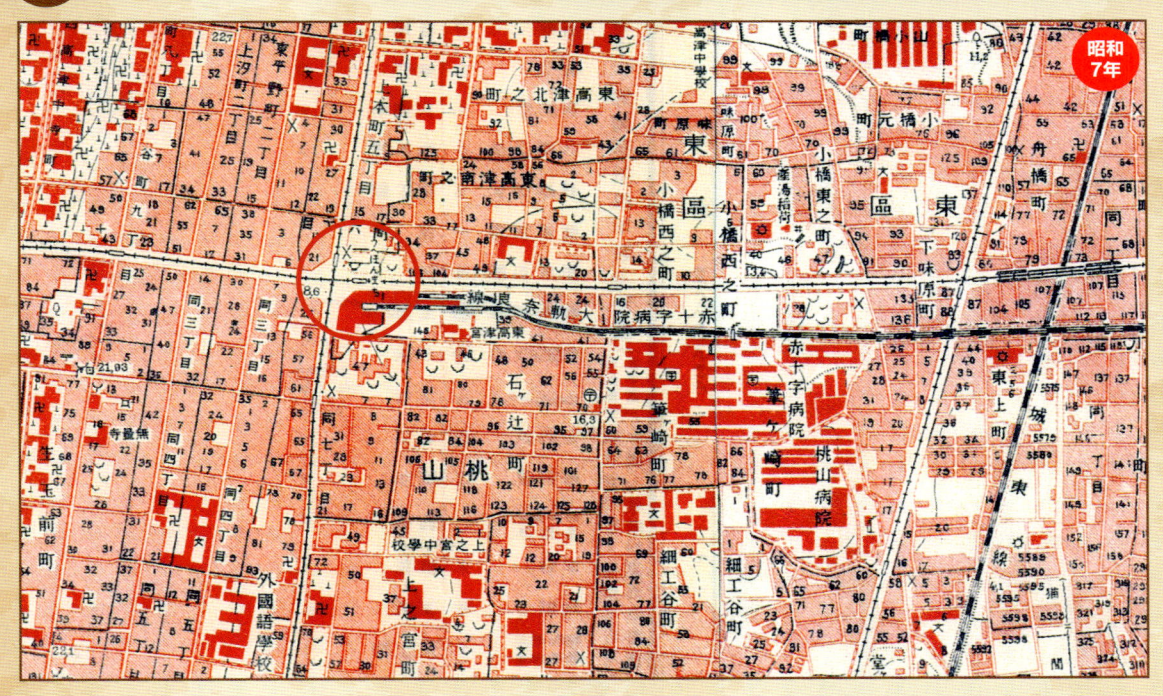

　東西に走る千日前通、南北に走る上町筋との交差点の南東に置かれているのが、大阪上本町駅である。阪急、阪神の梅田、南海の難波などと並んで戦前から続く、近鉄の一大ターミナル駅で、大軌（大阪電気軌道）による開業時から、起終点駅となってきた。

　駅の南東にある赤十字病院は、現在も大阪赤十字病院としてこの地で患者を迎えている。駅の南西に見える外国語学校は、大阪外国語大学の前身で後に箕面市に移転、現在は大阪大学に統合されている。この上本町キャンパスの跡地は、大阪国際交流センターに変わっている。

大阪市天王寺区 / 大阪市生野区 / 東大阪市 / 八尾市 / 柏原市 / 香芝市 / 大和高田市 / 橿原市 / 桜井市 / 宇陀市 / 名張市 / 伊賀市 / 津市 / 松阪市

昭和初期

上本町駅
2200系の宇治山田行の臨時急行と、10000系初代ビスタカーが並んでいる。

撮影：佐野正武

昭和41年

▲上本町駅の10000系
昭和33年に登場した初代ビスタカー。当時としては画期的な2階建て特急電車で、試作的要素が強かったため、わずか1編成のみだった。10000系の開発技術は、後に登場の10100系に受け継がれた。

撮影：今井啓輔

昭和41年

▲上本町駅の特急のりば案内
特急のりばと発車時刻・停車駅を示す案内板。行先は宇治山田駅で、名古屋方面への列車と連絡することも記されている。

撮影：今井啓輔

現在

◀大阪上本町駅 地上ホーム
大阪線のりばは、地上1階にあり、櫛形ホーム7面6線を備える。

▶上本町駅の急行車両扉数案内板
発時刻、行先、両数、扉の数が記された案内板。当時の急行には新製車のほかに特急からの格下げ車も使用され、編成内に扉の数が異なる車両が混在した。

昭和42年

撮影：今井啓輔

▶上本町駅
上本町六丁目に所在するため、「ウエロク」の通称で親しまれる近鉄上本町駅。市電の停留場名も「上本町六丁目」であった。

所蔵：フォト・パブリッシング

昭和41年

◀上本町駅
撮影は昭和45年2月28日。翌3月1日に奈良線ホームが地下へ移転した。右奥は駅ビル旧館。

昭和45年

撮影：今井啓輔

▲上本町駅付近
近鉄百貨店と上本町駅付近を俯瞰した写真。地上1階には、櫛形ホームを備えた大阪線のホームがあり、地下には奈良線や一部の大阪線特急が発着するホームがある。地上1階のホームの上には、ボウリング場の「近鉄ボウル」があった。

昭和56年

提供：産経新聞社

大阪市天王寺区　大阪市生野区　東大阪市　八尾市　柏原市　香芝市　大和高田市　橿原市　桜井市　宇陀市　名張市　伊賀市　津市　松阪市

Tsuruhashi St. / Imazato St.
鶴橋、今里

鶴橋は環状線駅より先に誕生、後に移転
「片江」「片江今里」を経て「今里」の駅

【鶴橋駅】
開 業 年	大正3（1914）年4月30日
所 在 地	大阪市生野区鶴橋2－1－20
キ ロ 程	1.1km（大阪上本町起点）
駅 構 造	高架駅／2面4線
乗 降 客	153,580人

【今里駅】
開 業 年	大正3（1914）年4月30日
所 在 地	大阪市生野区新今里4－1－17
キ ロ 程	2.8km（大阪上本町起点）
駅 構 造	高架駅／3面4線
乗 降 客	10,047人

昭和42年

提供：近畿日本鉄道

🔼 **鶴橋駅**
昭和50（1985）年に現在の発着番線に変更されるまで、1・2番線が奈良線、3・4番線は大阪線が使用していた。

現在

🔼 **鶴橋駅前のコリア・タウン**
駅前はコリア・タウンとして知られ、韓国の食材店や料理店が軒を連ねる。

現在

▶ **鶴橋卸売市場**
昔も今も活気のある市場。

◀ **鶴橋駅**
写真は東口で、鶴橋市場に近い。

昭和30年頃

所蔵：フォト・パブリッシング

　鶴橋駅は、JR大阪環状線、大阪市営地下鉄千日前線との連絡駅である。この中では、近鉄線の駅が最も歴史が古く、大正3（1914）年4月、大阪電気軌道の開業時に現在の駅の東側に設置されている。その後、昭和7（1932）年9月の省線城東線（現・大阪環状線）の新駅（現・JR鶴橋駅）誕生に備えて、1ヵ月前の8月に現在の場所に移転した。

　この鶴橋駅は、島式2面4線の高架駅で、大阪線と奈良線の列車の乗り換えにも便利な構造である。ホームのある2階から1つ上の3階に、同じく高架駅であるJR鶴橋駅のホームがあるため、連絡改札口が設けられ、相互の乗り換えにも便利である。

　次の今里駅は、鶴橋駅と同じ大正3年4月の開業である。開業当初の名称は「片江駅」で、大正11年に「片江今里駅」と改称、昭和4（1929）年に現在の駅名となった。その後、大阪市営地下鉄にも今里駅が開業したが、距離が離れているため、乗り換えには適さない。　また、大阪市営地下鉄では、千日前線の新深江駅が最も距離が近い。

　現在の今里駅は3面4線のホームをもつが、当初は相対式の2面2線のホームであった。昭和31（1956）年の複々線化を経て、昭和50年に相対式、島式ホームを組み合わせた現在の構造となった。

大阪線

鶴橋国際マーケット（昭和30年頃）
戦後の「闇市」から始まった商店街は、庶民の強い味方。
所蔵：フォト・パブリッシング

今里駅（現在）
改札口は1階、プラットホームは2階の高架駅。

今里駅ホーム（昭和41年）
昭和31年に大阪線の列車も停車するようになった。車両は、戦後の混乱期に製造されたモ2000形。
撮影：今井啓輔

今里駅ホーム（現在）
島式ホームが相対式ホームにはさまれた構造の高架駅になっている。

古地図探訪

鶴橋駅、今里駅付近（昭和6年）

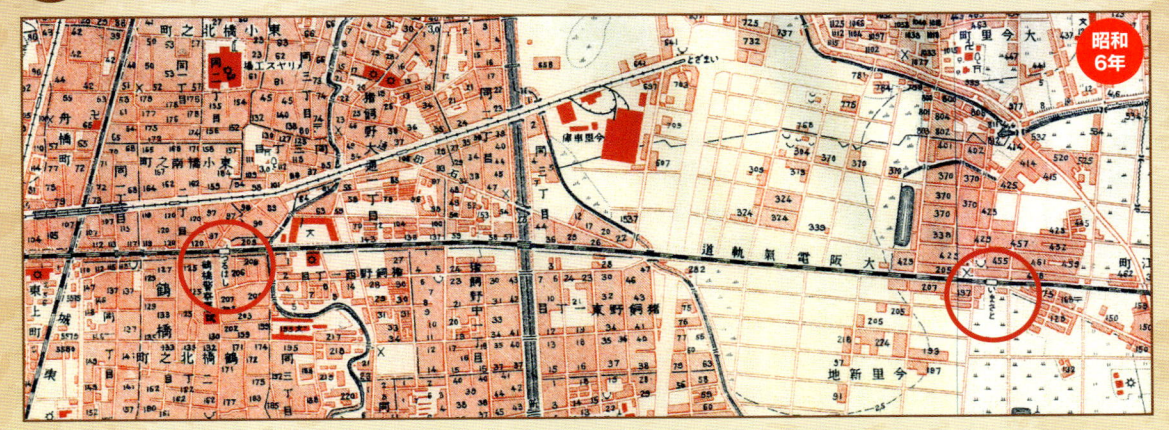

　この頃の大阪の市街は、移転する前の鶴橋駅の東側あたりまでで、次の今里駅付近には田畑が広がっていた。当時、国鉄の城東線（現・大阪環状線）の鶴橋駅は開業前で、大軌の鶴橋駅は、城東線と交わる地点の東側に置かれていた。
　地図の中央部分には、南北に平野川が流れている。大軌がこの川を渡る橋梁の北東、現在の今里筋に市電の終点である今里停留所が置かれ、付近には今里車庫が設置されていた。この車庫の跡地は、東成区立大成小学校や東成区民センターになっている。今里駅の南側には、「今里新地」と呼ばれる色街があり、住宅地は駅の北側だけに見える。

大阪市天王寺区／大阪市生野区／東大阪市／八尾市／柏原市／香芝市／大和高田市／橿原市／桜井市／宇陀市／名張市／伊賀市／津市／松阪市

Fuse St. / Shuntokumichi St.
布施、俊徳道
旧布施市の中心駅は、東大阪市玄関口に古代の街道が通り、俊徳丸の伝説も存在

【布施駅】
開業年	大正3(1914)年4月30日
所在地	大阪府東大阪市長堂1-1-18
キロ程	4.1km（大阪上本町起点）
駅構造	高架駅／計2面8線
乗降客	39,448人

【俊徳道駅】
開業年	昭和元(1926)年12月30日
所在地	大阪府東大阪市荒川2-70
キロ程	5.1km（大阪上本町起点）
駅構造	高架駅／2面2線
乗降客	6,233人

◀布施駅前
昭和32年
現在の東大阪市は、昭和42年に布施市、河内市、枚岡市が合併して誕生。中でも布施市の人口は突出し、駅前は古くから商業地として栄えていた。

所蔵：産経新聞社

◀布施駅のモ1000形とモ11400形
昭和44年
布施駅で戦前製のモ1000形と11400系エースカーの11400形が並ぶ。11400系は10400系エースカーの後に登場し、新エースカーと呼ばれた。モ1000形は、大阪電気軌道時代の昭和4年から製造されたデボ1000形で、区間電車への投入を目的に登場した。
撮影：今井啓輔

▶布施駅の駅舎
昭和41年
地平時代の駅舎。当時は布施市で、昭和42年に河内市や枚岡市と合併して東大阪市が誕生した。
撮影：今井啓輔

　東大阪市の中心駅のひとつで、奈良線との分岐点になっているのが「布施」駅である。この駅は、駅名改称を繰り返してきたことで知られ、大正3(1914)年4月、大阪電気軌道（現・近鉄奈良線）の開業当初の駅名は「深江」であった。最初の改称は大正11年3月で、このときに「足代駅」となった。その後、大正13年10月、八木線（現・大阪線）の開業で、東に200メートル移転。大正14年9月に現駅名となっている。
　現在は、大阪線（3階）、奈良線（4階）のそれぞれ島式1面2線のホーム、通過線をもつ高架駅である。高架下には、近鉄百貨店東大阪店が存在する。
　次の俊徳道駅は、同じ東大阪市内に存在するが、駅名は古来、大阪と奈良を結んでいた古道「俊徳道（俊徳街道）」に由来する。また、名前の「俊徳」とは、河内国（大阪府）高安に住んでいた伝承上の人物、俊徳丸に由来し、謡曲「弱法師」や歌舞伎「摂州合邦辻」の主人公として人口に膾炙した人物だった。
　この駅は昭和元(1926)年12月、大軌時代の新設駅で、現在は相対式2面2線のホームをもつ高架駅となっている。近鉄大阪線はこの駅付近で、JRおおさか東線と交差しており、JR線にも俊徳道駅がある。こちらは平成19(2007)年12月に城東貨物線の信号場として開設され、翌年3月におおさか東線（旅客線）の駅となった。

大阪線

昭和30年頃
▲布施市の鋳物製品
布施市（現・東大阪市）は、鋳物のストーブの生産でも知られた。

▶布施市のセルロイド製品
昭和30年頃
零細な町工場が密集し、日用品も多数生産していた。

◀布施の映画看板
昭和30年頃
商工業が発展すれば、娯楽も多数必要。当時の娯楽の王様は映画。布施の映画看板の数は府下有数だった。

▲布施駅前
昭和30年頃
大阪中心部に比較的近い交通至便な地で、戦後から高度経済成長期にかけて人口の流入が激しく、駅前には商店などが密集して建った。

◀俊徳道駅
現在
JRおおさか東線を近鉄大阪線がオーバークロスするため、プラットホームは3階で、改札口は2階にある。

▶俊徳道駅付近のモ1400形
昭和48年
モ1400形は大阪電気軌道時代に製造された通勤形で、当初はデボ1400形と呼ばれたが、近畿日本鉄道の発足に伴ってモ1400形となった。 
撮影：今井啓輔

▲俊徳道駅
昭和41年
上りと下りホームにそれぞれ駅舎があるのが高架前の近鉄の駅の特徴。
提供：東大阪市

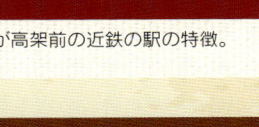

古地図探訪

布施駅、俊徳道駅付近

奈良線と桜井線（現・近鉄大阪線）の分岐点として、大軌の布施駅が置かれ、その南北に布施町（現・東大阪市）の市街が広がっている。市街地は、線路南側の「東足代」が広く、北側の「長堂」には、昭和4（1929）年に誕生した布施第二尋常小学校（現・東大阪市立長堂小学校）を示す「文」の地図記号がある。

一方、俊徳道駅の西側には「大平寺」「岸田堂」の集落が存在する。駅の西側「大平寺」の文字付近に見える「文」マークは、私立の日新商業学校で、戦後に布施市立日新高校となった後に移転した。現在は、同校と校地を共有していた東大阪市立俊徳中学校だけが残っている。地図の南西には、北八尾街道が通っている。

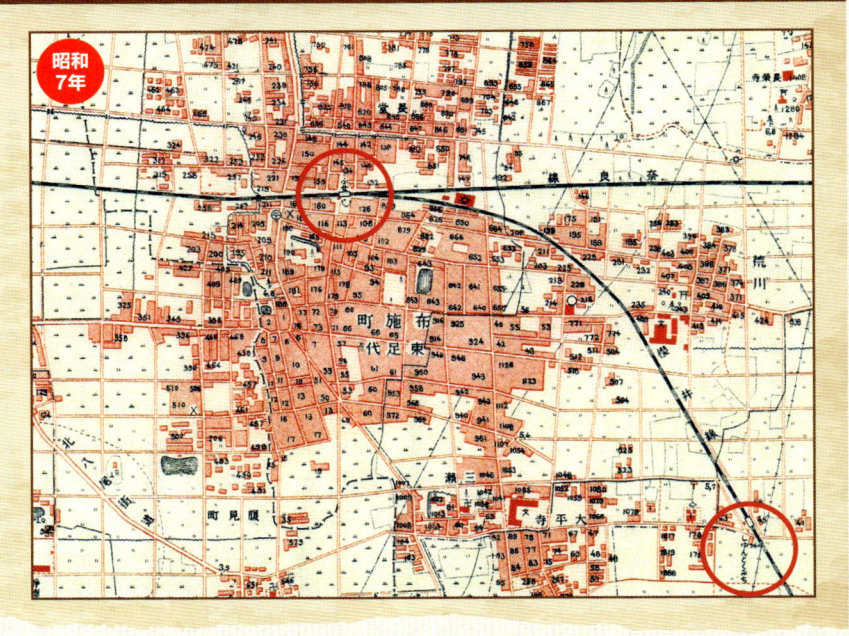

昭和7年

Nagase St. / Mito St. / Kyūhōjiguchi St.
長瀬、弥刀、久宝寺口

長瀬には、帝国キネマ撮影所の歴史あり
弥刀には彌刀神社、久宝寺口も寺名から

【長瀬駅】

開業年	大正13(1924)年10月31日
所在地	大阪府東大阪市菱屋西1-24-26
キロ程	6.2km（大阪上本町起点）
駅構造	地上駅／2面2線
乗降客	30,476人

【弥刀駅】

開業年	大正14(1925)年12月10日
所在地	大阪府東大阪市友井3-1-22
キロ程	7.4km（大阪上本町起点）
駅構造	地上駅／2面4線
乗降客	10,608人

【久宝寺口駅】

開業年	大正14(1925)年9月30日
所在地	大阪府八尾市佐堂町3-1-7
キロ程	8.3km（大阪上本町起点）
駅構造	高架駅／2面2線
乗降客	6,013人

▲ **短編成化時代の10100系**（昭和43年　撮影:今井啓輔）
昭和34年に名阪間ノンストップ特急としてデビューした10100系が俊徳道〜長瀬間を走行する風景。当初は6両編成だったが、国鉄東海道新幹線の開業で利用客が減り、写真当時は短い編成だった。

▶ **長瀬駅の下り側駅舎**（昭和41年　提供:東大阪市）
改修を行いつつ、現在も現役で使用されている。

▼ **弥刀駅**（昭和41年　提供:東大阪市）
駅と駅前の通り。丹頂型の電話ボックスや車も懐かしい。

　大正13(1924)年10月、大阪電気軌道八木線（現・近鉄大阪線）の大軌八尾（現・近鉄八尾）までの延伸時に開業したのが長瀬駅である。この駅は相対式ホーム2面2線をもつ地上駅で、普通のみが停車する。なお、乗り換えには適さないが、約500メートル西側にはJRおおさか東線のJR長瀬駅がある。

　この駅の東側には、マンモス大学である近畿大学および近畿大学短大部のキャンパスがあり、学生の利用が多い駅となっている。この付近には、大和川の本流だった長瀬川が流れており、明治22(1889)年に長瀬村が誕生、布施市（現・東大阪市）の一部となるまで存在した。

　次の弥刀駅は、大軌八木線開業の翌年12月に新設された。島式ホーム2面4線をもつ地上駅で、普通電車のみが停車する。「弥刀」の駅名は、付近にある水戸（港）や河口の神様である、彌刀神社に由来する。

　聖徳太子が建立した寺院に由来する駅名をもつのが、久宝寺口駅である。同じ八尾市内には、南側を走るJR関西本線に久宝寺駅が存在するものの、現在は「久宝寺」は存在せず、かつて置かれていた場所も不明である。なお、八尾市には「久宝寺」「北久宝寺」の地名がある。

　久宝寺口駅の開業は、大正14年9月で、現在は相対式ホーム2面2線をもつ高架駅となっている。この駅も普通のみが停車する。

昭和43年

▲長瀬～弥刀間の新2200系
撮影：今井啓輔
先頭車の2230は、新2200系、または2227系とも呼ばれ、張り上げ屋根でリベットが少ないスタイリング。従来の2200系よりも扉が中ほどに移動している。

◀長瀬駅 現在
東口駅舎は、昔からの駅舎を改修しながら使用。

▶久宝寺口駅 現在
プラットホームは3階に相当する高さの高架駅。

昭和43年

▲久宝寺口駅
撮影：今井啓輔
地平時代の久宝寺口駅。駅の高架化は昭和45年。区間急行の標識を付けたモ1200形が特急とすれ違う。

▶弥刀駅 現在
下り線側の改札口と駅舎。上り側にも改札口と駅舎があり、上下ホームを結ぶ連絡通路や跨線橋はない。

昭和37年

▲弥刀駅
撮影：今井啓輔
近畿大学の学生輸送を目的に、各駅に停車する電車が当駅で折り返した。

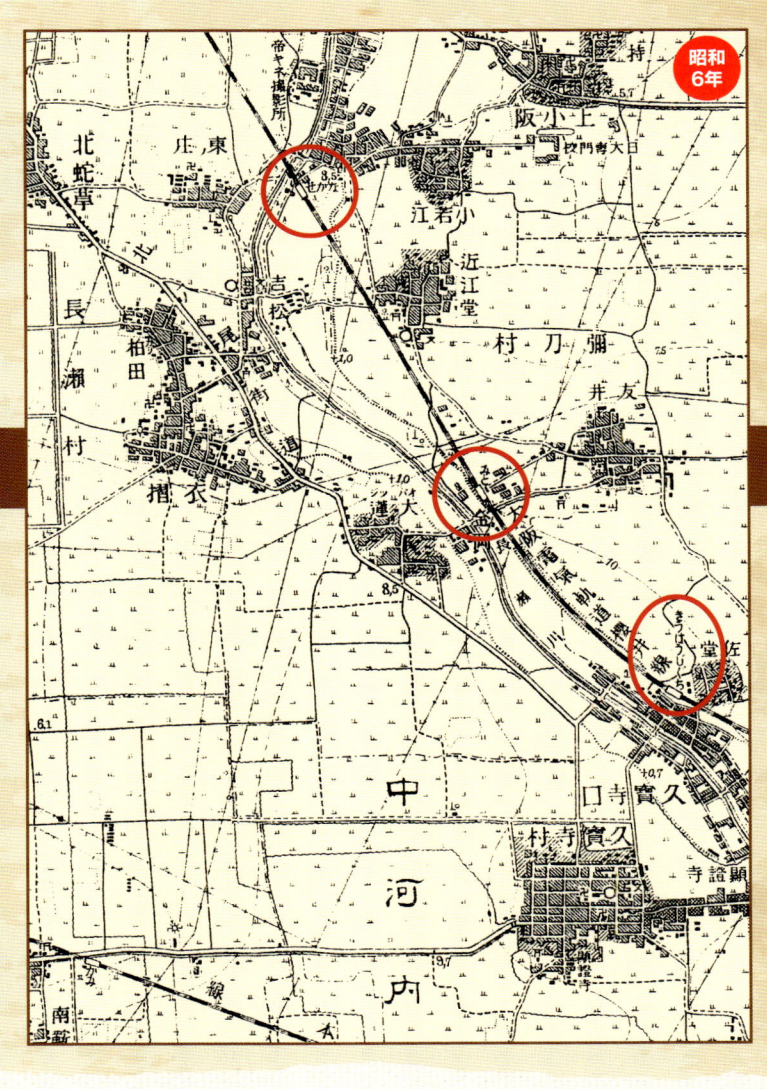

🚶 古地図探訪
長瀬駅、弥刀駅、久宝寺口駅付近

　この付近の大軌桜井線（八木線、現・近鉄大阪線）は、北八尾街道と並行して走っている。長瀬駅の北には、「帝キネ撮影所」の文字が見える。この「帝国キネマ演芸」は、大映の前身のひとつで、昭和3（1928）年に長瀬川河畔に敷地約3万平方メートルを誇り、「東洋のハリウッド」と呼ばれる「長瀬撮影所」を建設した。しかし、この撮影所はわずか2年で焼失した。現在、その跡地には、昭和7年に建った歴史的建造物の「樟徳館」がある。
　久宝寺口駅の南側には、久宝寺村がある。村に見える「文」の地図記号は、明治6年開校と歴史の古い現・八尾市立久宝寺小学校である。現在、この駅の付近には近畿自動車道が通り、周辺の風景も大きく変わっている。

昭和6年

大阪市天王寺区／大阪市生野区／東大阪市／八尾市／柏原市／香芝市／大和高田市／橿原市／桜井市／宇陀市／名張市／伊賀市／津市／松阪市

15

Kintetsu-Yao St.
近鉄八尾

八尾空港を有する河内・八尾市の玄関口
昭和53年に移転して、現在の高架駅に

【近鉄八尾駅】

開業年	大正13(1924)年10月31日
所在地	大阪府八尾市北本町2-153-2
キロ程	9.6km（大阪上本町起点）
駅構造	高架駅／2面2線
乗降客	16,345人

近鉄八尾駅（現在）
駅の高架化は昭和53年12月のことだった。

近鉄八尾駅（昭和48年）
地平時代の近鉄八尾駅。当時から乗降客が多かった。 
撮影：今井啓輔

近鉄八尾駅（昭和48年）
地平時代の下り側駅舎。駅自体は、高架化で約300m伊勢中川方へ移転した。
撮影：今井啓輔

近鉄八尾駅（現在）
八尾市の中心地に位置する駅だが、特急や快速急行、急行は通過する。写真は通過中の50000系「しまかぜ」。

近鉄八尾駅前（現在）
人口26万人の八尾市。駅は市の中心地にあり、商業地として賑わっている。

　大阪府の東部に位置する八尾市は、南部に八尾空港があることで知られる。この近鉄八尾駅は、その市街地中心部に位置し、付近に八尾市役所がある市の玄関口である。近鉄線の南側を走るJR関西本線には、明治22(1889)年開業の八尾駅が存在するが、両駅間の距離は離れており、乗り換えには適さない。

　近鉄八尾駅は、大正13(1924)年10月、大阪電気軌道八木線（現・近鉄大阪線）の開通時に当時の終着駅である「大軌八尾」駅として開業した。翌年には恩智駅まで延伸したことで、途中駅となっている。昭和16(1941)年には「関急八尾駅」となり、昭和19年に「近畿日本八尾駅」と、電鉄名の変更で駅名が変化し、昭和45(1970)年に現在の駅名となった。

　当初は地上駅であったが、昭和53(1978)年12月、駅の所在地は河内山本駅方向に300メートル移動し、高架駅となった。現在は相対式ホーム2面2線を有する高架駅で、ホームは3階、改札口、コンコースは2階で、1階部分はショッピングセンターなどが入っている。

　八尾といえば、映画化された今東光の小説「悪名」の舞台としても知られる。主人公・河内の暴れ者、朝吉は勝新太郎が演じ、シリーズ化されるヒット作となった。モデルとなった岩田浅吉は、八尾出身で、晩年は消防団長なども務めていたという。

大阪線

八尾市の阪神飛行場
昭和30年頃
大正陸軍飛行場から昭和27年に阪神飛行場となり、昭和31年に八尾飛行場へ改称した。
所蔵：フォト・パブリッシング

八尾市の歯ブラシ製造
昭和30年頃
現在も八尾市は歯ブラシの生産量が日本一である。
所蔵：フォト・パブリッシング

近鉄八尾駅前
現在
中央口駅前の風景。西武百貨店もある。

近鉄八尾駅
現在
通過する21000系アーバンライナープラス。

🚶 古地図探訪　近鉄八尾駅付近

　地図の上方（北側）を大阪電気軌道（現・近鉄大阪線）、下方（南側）を省線関西本線が通り、それぞれに大軌八尾駅、八尾駅が置かれている。八尾町（当時）の市街地として、北の大軌駅周辺の方がやや大きく、町役場や郵便局、銀行の地図記号が見える。現在の八尾市役所も、近鉄八尾駅に近い大阪線の南側に置かれている。
　大軌八尾駅の南西に見える「中学校」は、明治28（1895）年に大阪府第三尋常中学校として開校した大阪府立八尾中学校で、昭和9（1934）年に現在地に移転している。大軌駅の周辺に見える西郷、木戸、東郷などの地名は、現在は住居表示に使用されておらず、「庄之内」は「荘内町」に変わっている。

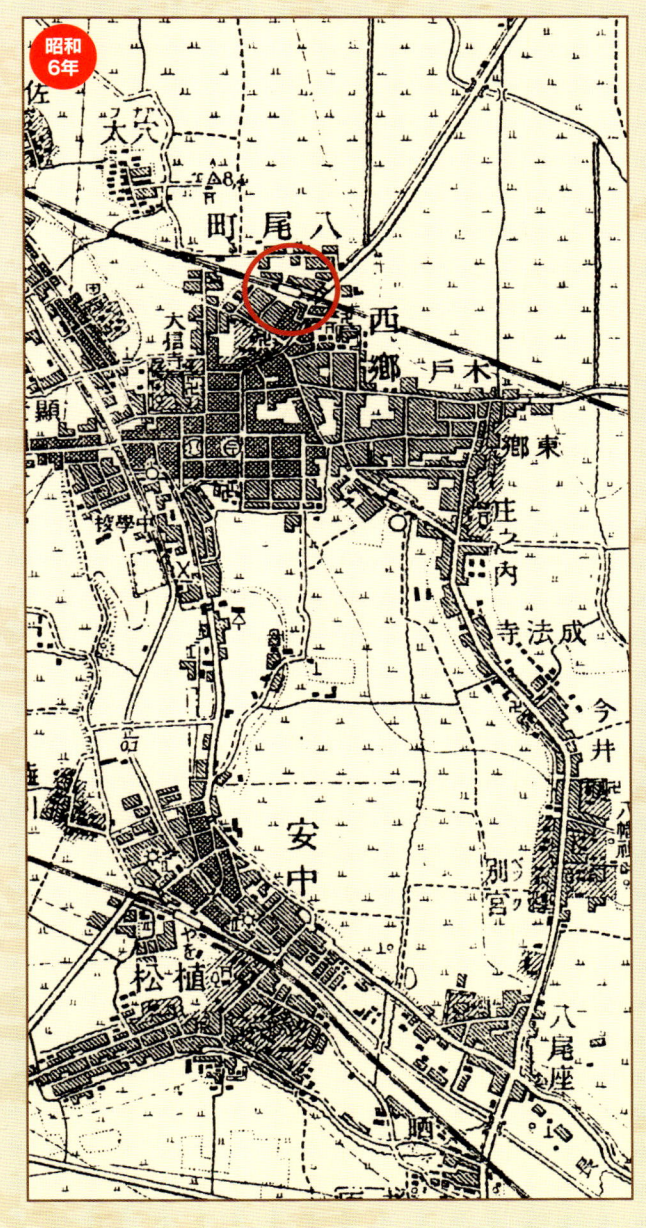

昭和6年

大阪市天王寺区 / 大阪市生野区 / 東大阪市 / 八尾市 / 柏原市 / 香芝市 / 大和高田市 / 橿原市 / 桜井市 / 宇陀市 / 名張市 / 伊賀市 / 津市 / 松阪市

17

昭和35年

◆近畿日本八尾駅
昭和19年に合併で近畿日本鉄道が発足。関急八尾駅から近畿日本八尾駅へ改称。写真の駅舎にも近畿日本八尾駅の名が見られる。近鉄八尾駅への改称は、昭和45年のこと。

昭和51年

▶近鉄八尾駅前
大小様々な商店が並び、昭和という時代を支えた。

昭和39年

◀八尾のアーケード商店街
昭和39年当時の八尾市の人口は14万人。大阪近郊の住宅地・工業地として発展し、アーケード商店街も賑わった。

昭和41年

▶近鉄八尾駅付近の踏切
当時の駅は高架化されておらず、踏切を車やバイクなどが行き交った。
提供：八尾市

昭和44年

▶近畿日本八尾駅の駅前
当時の八尾市は人口が20万人を超え、駅前にも活気がある。写真のバスは現在の近鉄バスで、当時は近畿日本鉄道の直営だった。
提供：八尾市

昭和51年

◀近鉄八尾駅前
昭和50年代、八尾市の人口は年々増加。駅前の商店街にも活気がある。
提供：八尾市

大阪市天王寺区 大阪市生野区 東大阪市 八尾市 柏原市 香芝市 大和高田市 橿原市 桜井市 宇陀市 名張市 伊賀市 津市 松阪市

19

Kawachi-Yamamoto St.

河内山本
かわちやまもと

信貴線との分岐点、開業時は大軌山本駅
新田開発者の山中・本山氏から地名誕生

【河内山本駅】

開業年	大正14（1925）年9月30日
所在地	大阪府八尾市山本町1－1－17
キロ程	11.1km（大阪上本町起点）
駅構造	地上駅　橋上駅／3面5線
乗降客	21,048人

◀河内山本駅
現在
昭和36年に供用を開始した橋上駅舎が現役。

昭和51年頃

▲河内山本駅
橋上駅舎化は、高安駅とともに大阪線の中では最も早かった。

提供：八尾市

昭和40年

◀河内山本駅
当駅は信貴線との分岐駅であり写真右方向が大阪線高安方面で左方向が信貴線服部川方面となる。

撮影：今井啓輔

古地図探訪
河内山本駅付近

　現在の地図と比べてみると、この当時（昭和6年）は、幹線道路である府道5号（大阪港八尾線）と府道15号（茨木八尾線）が交わる地点が異なっていることがわかる。この地図では、大軌山本（現・近鉄山本）駅の北側に見えるが、現在は駅南側に五月橋交差点がある。
　駅の北側に見える八尾女学校は、昭和4（1929）年に大阪市内から移転してきた大阪府立八尾高等女学校で、現在は男女共学の府立山本高校になっている。駅の北東に見える「万願寺」の地名は、東山本町と東山本新町に変わっているが、かつてここには満願寺が存在したといわれ、「万願寺とうがらし」とは関係がない。

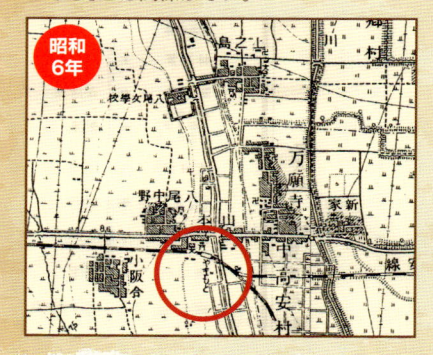

昭和6年

　現在、信貴線との分岐点となっているのが八尾市内にある河内山本駅である。大正14（1925）年9月、大阪電気軌道八木線（現・近鉄大阪線）の大軌八尾（現・近鉄八尾）～恩智間の延伸時に中間駅・大軌山本駅として誕生している。昭和16（1941）年3月、大軌と参宮急行電鉄が合併し、関西急行鉄道となった際に河内山本駅と改称した。
　この駅は現在も地上駅であるが、昭和36（1961）年3月から橋上駅舎を使用しており、大阪線の中では最も古い橋上駅舎である。島式ホーム2面、単式ホーム1面による3面5線のホームをもち、大阪線は1～4番ホームを使用している（1番線は信貴線と共用）。
　この駅付近は、大和川の付け替えに際して、「山本新田」として開発された場所で、河内木綿の産地としても有名だった。「山本」の地名は、新田の開発を請け負った「山中」「本山」という2人の人物に由来する。大阪と奈良を結ぶ立石街道が玉串川に架かる場所には、山本橋が架けられている。その後、住友財閥などにより宅地開発が行われ、住宅地となっている。

大阪線

朝護孫子寺への参詣鉄道として登場した信貴線

　昭和5（1930）年12月15日、近鉄の前身である大阪電気軌道によって、信貴山電鉄の鋼索線（現在の西信貴鋼索線）、山上鉄道線（廃止）と同時に開業した。河内山本（開業時は山本）を起点とし、信貴山口を終点とする全長2.8kmの単線路線で、途中駅の服部川を含めて3駅で構成されている。信貴山へ向かう大阪側からのルートであることから、服部川〜信貴山口間は急勾配が続き、服部川付近では近鉄の鉄道路線の中で最大勾配となる40‰を記録している。

　列車の運行は線内折り返し運転の普通列車のみで、朝夕は約15分間隔、日中は約20分間隔で運転されている。休日などには信貴山への観光客の利用が多いが、平日は通勤・通学の利用者が主体であり、2両編成の車両が使用されている。また、大晦日から元旦にかけては終夜運転が行われ、信貴山口から西信貴鋼索線に連絡するダイヤが組まれている。制限速度は全線時速65kmと、近鉄の路線の中では低く設定されている。

信貴山の麓を走るミニ路線（昭和40年）
河内山本駅から生駒山地の高安山の麓へ進む信貴線。唯一の途中駅・服部川を過ぎると勾配は一気に増す。 
撮影：今井啓輔

信貴山口駅（昭和40年）
駅舎を中心に北に信貴線、東に西信貴鋼索線がL字状に配置されている。初詣期間や例祭などの多客時は賑わう。
撮影：荻原二郎

信貴山電鉄開業時の新聞広告（昭和5年）
近鉄西信貴鋼索線の前身にあたる信貴山電鉄（翌年、信貴山急行電鉄）時代の開業広告。鋼索線（信貴山口〜高安山間）とともに、高安山〜信貴山門間の鉄道線が開業している。戦時中に両線は不要不急線になり休止。鋼索線は昭和32年に営業を再開（現・近鉄西信貴鋼索線）するが、鉄道線は休止のまま同年に廃止されてバスに切り替わった。信貴山門行の近鉄バスは、鉄道線を改修した道路を走り、高安山駅のバスのりば付近には、今もプラットホーム跡が見られる。
提供：近畿日本鉄道

信貴線開業と同時に開通した西信貴鋼索線

　西信貴ケーブルとも呼ばれるケーブルカー路線で、信貴山口〜高安山の1.3kmを結んでいる。昭和5（1930）年12月15日に信貴山電鉄が鋼索線と山上鉄道線（のちに廃止）を開業したが、その鋼索線部分にあたる。起終点の高低差は354mあり、最大勾配は480‰。運行方式は単線2両交走式で、「ずいうん」と「しょううん」の名で親しまれる2両が運行している。朝夕は約30分間隔、日中は約40分間隔で運転されており、始終点間の所要時間は7分。途中に2ヵ所の歩行者専用踏切があるが、人が横断できる踏切を持つ鋼索線は、日本では近鉄生駒鋼索線と当線だけという珍しいものである。

　終点の高安山では近鉄バス信貴山上線に接続しており、バスに乗り換えて信貴山に至る。ケーブルカーは信貴線同様に大晦日には終夜運転をしているが、バスもそれに合わせて運行している。

現在
西信貴鋼索線のりば
車両には信貴山の守り神である虎の絵が描かれている。

西信貴鋼索線の昔の風景（昭和42年）
写真の車両は7号「ずいうん」で赤色を基調にした車両。中間地点でこのあと青色基調の8号「しょううん」と交換する。 
撮影：今井啓輔

高安山駅（昭和42年）
ケーブルの山上駅で、平屋の駅舎が建つ。高安山は大阪府と奈良県と境に位置する山で高安城が築かれたことで知られる。
撮影：荻原二郎

21

Takayasu St. / Onji St.
高安、恩智
高安には、在原業平ゆかりの「高安の里」
河内国二宮・恩智神社から恩智駅の名称

【高安駅】
開業年	大正14（1925）年9月30日
所在地	大阪府八尾市山本高安町1－1－46
キロ程	12.2km（大阪上本町起点）
駅構造	地上駅　橋上駅／2面4線
乗降客	11,395人

【恩智駅】
開業年	大正14（1925）年9月30日
所在地	大阪府八尾市恩智中町1－103
キロ程	13.3km（大阪上本町起点）
駅構造	高架駅／2面2線
乗降客	4,675人

昭和37年
撮影：今井啓輔

昭和59年
提供：八尾市

▲高安駅
河内山本駅とならび昭和36年に橋上駅舎化。当時の私鉄の駅としては珍しかった。高安駅のほうが9日先に橋上駅舎の供用を開始。

◀高安車庫
参宮急行電鉄開業以来の歴史を有する高安車庫が隣接する。

現在

▶高安車庫の10000系
10100系と同様の塗り分けに変更後の姿。

昭和41年
撮影：今井啓輔

◀高安駅
西口の様子。大阪線で初めて橋上駅舎が採用された駅。

　現在は八尾市東部にあたる「高安」は古代、このあたりの広範囲に使われた地名で、河内国には高安郡が存在した。また、さまざまな伝説の残る場所でもあり、「伊勢物語」「大和物語」には、歌人の在原業平にまつわる逸話が収められている。その場所に高安駅が開業したのは、大正14（1925）年9月である。
　高安駅は島式2面4線の地上駅で、橋上駅舎は、隣の河内山本駅と並び、昭和36（1961）年に完成した大阪線最古のものである。また、駅の西側には、高安検車区、高安検修センター、高坂列車区があり、大阪線の車両の留置や検査などを行っている。
　次の恩智駅は、河内国二宮の恩智神社の最寄り駅として知られている。付近には恩地城跡もあり、歴史の古い土地である。近鉄の恩智駅は、大正14年9月、大阪電気軌道八木線（現・大阪線）の駅として開業。当初は終着駅だったが、昭和2（1927）年7月、高田駅まで延伸されて中間駅となった。現在は、相対式2面2線をもつ高架駅となっている。
　「恩智」の地名は、淀川水系で寝屋川に合流する恩智川の名称としても知られている。この川は以前、川幅が狭く、流域の住民は度々、洪水で悩まされていたが、昭和48（1973）年から治水工事が行われて、川幅が拡張、護岸工事も実施され、安全な川となった。

大阪線

古地図探訪
高安駅、恩智駅付近

地図の中央を、大阪電気軌道大阪線が南北に走り、その西側を玉串川が流れている。この川は、戦後、第二寝屋川の開削により、川の流れが分断され、一部を除いて埋め立てられた。地図上の大部分は農地（平地）である一方、東側は生駒山地の一部となり、その麓に岩戸神社、恩智神社などが鎮座している。

地図の右上（北東）端には、大軌（現・近鉄）信貴線の終着駅である信貴山口駅が見える。この駅は、昭和5（1930）年に開業し、信貴山（急行）電鉄鋼索線（現・近鉄西信貴鋼索線）が高安山駅まで延びている。恩智駅南東の「神宮寺」の地名は、現在も住居表示に使用されている。

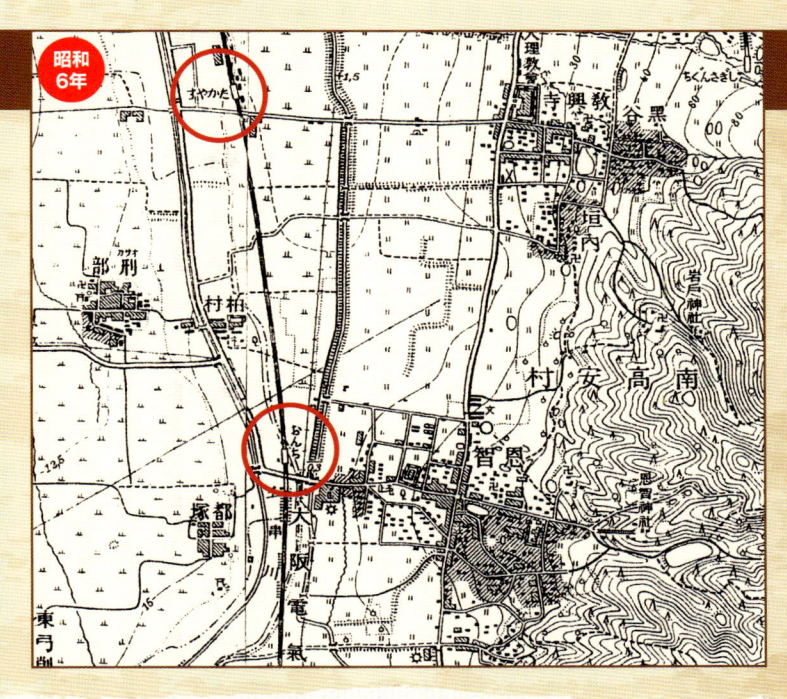

昭和6年

恩智付近
田畑が広がっていた恩智付近を走る20100系。

昭和40年

撮影：今井啓輔

◎恩智駅
高架化まもない駅と付近の牧歌的な様子。

昭和46年頃
提供：八尾市

◎恩智駅
駅名や地名は、おんぢだが、川の名はおんちと濁らない。

現在

大阪市天王寺区 / 大阪市生野区 / 東大阪市 / 八尾市 / 柏原市 / 香芝市 / 大和高田市 / 橿原市 / 桜井市 / 宇陀市 / 名張市 / 伊賀市 / 津市 / 松阪市

Hōzenji St. / Katashimo St. / Andō St.
法善寺、堅下、安堂

柏原市に法善寺・堅下・安堂の3駅あり
昭和2年、大阪電気軌道八木線に開業

【法善寺駅】
開業年	昭和2(1927)年7月1日
所在地	大阪府柏原市法善寺4−1−22
キロ程	14.9km（大阪上本町起点）
駅構造	地上駅(地下駅舎)／2面2線
乗降客	3,834人

【堅下駅】
開業年	昭和2(1927)年7月1日
所在地	大阪府柏原市大県2−5−1
キロ程	15.7km（大阪上本町起点）
駅構造	地上駅(地下駅舎)／2面2線
乗降客	3,827人

【安堂駅】
開業年	昭和2(1927)年7月1日
所在地	大阪府柏原市安堂町2−1
キロ程	16.6km（大阪上本町起点）
駅構造	地上駅　橋上駅／2面2線
乗降客	2,197人

撮影：今井啓輔　昭和53年

法善寺駅
地上駅舎と当時の駅前風景。現在は改札口が地下化されている。

堅下駅
地上に改札口があった頃。現在の改札口は地下にある。

現在

法善寺駅
上下ホームの大和八木寄りに駅入口がそれぞれあり、改札口は地下にある。

昭和50年頃
提供：近畿日本鉄道

　法善寺、堅下、安堂駅の3駅は、大阪府東部の柏原市に置かれている。この柏原市の中心駅は、JRと近鉄道明寺線の柏原駅だが、市役所の最寄り駅は安堂駅となっている。

　「柏原」という地名は、隣りの奈良県の橿原市や御所市柏原と同じ読み方である。明治22(1889)年の町村制施行により、柏原村が生まれ、昭和4(1929)年に柏原町、昭和33(1958)年に柏原市となった。ブドウの産地として知られ、ワイン醸造所もある。

　この「法善寺」といえば、大阪・ミナミの法善寺や法善寺横丁が有名だが、法善寺駅は柏原市の法善寺4丁目に存在する。駅の開業は昭和2年7月の大阪電気軌道八木線の恩智〜高田間の開通時である。現在の駅は、相対式2面2線のホームを有する地上駅で、改札口、コンコースは地下部分に設けられている。

　次の堅下駅も同じ昭和2年7月の開業である。駅の構造もほぼ同じで、地下に改札口、コンコースをもつ地上駅で、ホームは相対式2面2線である。また、次の安堂駅も同じ昭和2年7月の開業。こちらは相対式ホーム2面2線をもつが、平成11(1999)年12月に橋上駅舎となった。この3駅ともに、急行、準急などは通過し、区間準急、普通が停車する。

昭和39年

撮影:今井啓輔

▲安堂～河内国分間の大和川橋梁
ベージュに青帯という塗装は、当時の高性能車一般車の標準塗装だった。

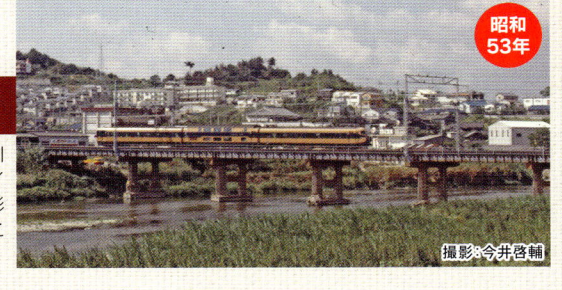

▶大和川橋梁の10100系
安堂～河内国分間の大和川橋梁を渡る10100系をサイドから捉えた写真。流線形と貫通型の先頭車であることがよくわかる。

昭和53年

撮影:今井啓輔

現在

▲法善寺駅と区間準急
9200系の区間準急が到着。区間準急は平成24年に新設された。

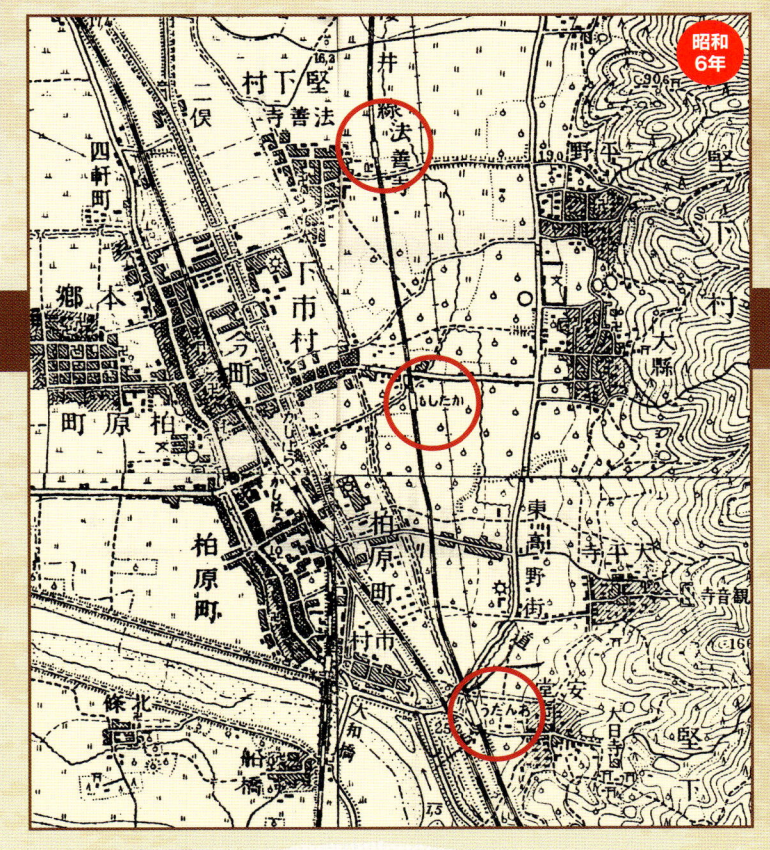

古地図探訪
法善寺駅、堅下駅、安堂駅付近

　この地図上には、堅下村、下市村、柏原町などの地名が存在しているが、このうちの下市村は村名ではなく、市村新田に由来する地名である。昭和14（1939）年、堅下村と柏原町は合併、昭和33年に柏原市となった。地図上の路線は、西側を走る国鉄関西本線と大軌八木線（現・近鉄大阪線）で、国鉄柏原駅からは大阪鉄道（現・近鉄）道明寺線が南に延びている。
　大軌の法善寺駅の西側には、法善寺の集落がある。地図の南側には、大和川が流れているが、安堂駅の西側で大きく方向が変わり、道明寺線の橋梁付近に大和橋が架かっていた。

昭和6年

大阪市天王寺区／大阪市生野区／東大阪市／八尾市／柏原市／香芝市／大和高田市／橿原市／桜井市／宇陀市／名張市／伊賀市／津市／松阪市

25

Kawachi-Kokubu St. / Ōsakakyōikudaimae St.
河内国分、大阪教育大前

古代に河内国分寺、駅の開業は昭和2年
大阪教育大前駅は、大学完成の前年開業

【河内国分駅】

開業年	昭和2(1927)年7月1日
所在地	大阪府柏原市国分本町1-2-4
キロ程	18.2km（大阪上本町起点）
駅構造	地上駅　橋上駅／2面4線
乗降客	15,563人

【大阪教育大前駅】

開業年	平成3(1991)年12月6日
所在地	大阪府柏原市旭ヶ丘4-4555-1
キロ程	19.8km（大阪上本町起点）
駅構造	地上駅　橋上駅／2面2線
乗降客	6,204人

昭和44年

◯河内国分駅
旧駅舎と駅前の様子。昭和57年に橋上駅舎になり、現在では風景が一変している。

現在

◯河内国分駅
写真は西口の様子。東口はスーパーに直結している。

◯河内国分駅
まだまだ自然が残っていた駅周辺。アップダウンをしながら特急がやって来る。

昭和42年

撮影：今井啓輔

　恩智駅からほぼ真っ直ぐ南に進んできた大阪線は、安堂駅を過ぎると少しずつ東向きに進行方向を変えていく。次の河内国分駅は、奈良時代に置かれた河内国の国分寺に由来する駅名となっている。現在、河内国分寺跡とされている場所は、河内国分駅の東側にあたる、柏原市国分東条町の高台である。

　河内国分駅は、昭和2(1927)年7月、大阪電気軌道八木線の延伸時に、国分駅として開業した。昭和16年の関西急行鉄道誕生時に河内国分と改称した。現在の駅は島式ホーム2面4線を有する地上駅で、昭和57(1982)年5月に橋上駅舎が完成した。快速急行は通過するものの、急行や準急、区間準急などは停車する。関西福祉科学大学キャンパスの最寄り駅となっている。

　大阪教育大学前駅は、平成3(1991)年12月に開業した、歴史の新しい駅である。駅の南側に存在する大阪教育大学柏原キャンパスは、平成4年に完成。それまで天王寺、平野、池田に分かれていた校舎がこのとき、柏原キャンパスに統合された。

　駅の構造は相対式ホーム2面2線を有する地上駅で、橋上駅舎をもつ。快速急行、急行は通過し、準急、区間準急などは停車する。この駅を最寄り駅とする学校には、ほかにも関西女子短期大学が存在する。

▲河内国分駅の2200系
急行宇治山田行きの2200系。車両番号が2303ではあるが、かつて特急の「レクリエーションカー」に使用されたモニ2303ではなく、写真の車両は別のモニを改番して2303になった車両だ。

▲河内国分駅のホーム
待避線の設置は昭和13年。島式ホーム2面4線の広々としたホームの奥に構内踏切を渡る乗客。現在は橋上駅舎化され、このような光景も昔語りとなった。

撮影：今井啓輔

◀河内国分駅
当駅は急行停車駅。車両は5200系の5205編成の急行で、同編成は2250系の復刻塗装になっている。

▶大阪教育大前駅
大阪教育大学の移転で平成3年12月に新設。新玉手山トンネルを建設して線路の移設を行い、駅や駅付近の急曲線の緩和が行われた。

▲大阪教育大前駅ホーム
大阪線の大阪府最東部にある大阪教育大前駅を通過する「アーバンライナー」は昭和63(1988)年に登場した。その後、進化型の「アーバンライナーnext」も誕生する。

古地図探訪
河内国分駅、大阪教育大前駅付近

大阪電気軌道八木線(現・近鉄大阪線)の線路が大きなカーブを描きながら走り、国分(現・河内国分)駅が置かれている。当然ながら、西名阪自動車道は見えず、現在はその交差点付近にある大阪教育大前駅も開設されていない。地図の左下、「玉手村飛地」と記された付近には現在、関西福祉科学大学、関西女子短大が誕生している。

地図の北側には、大和川が流れ、大軌国分駅の付近には国(國)豊橋が架かる。橋を渡った先の東側には、関西線の高井田駅が昭和60(1985)年に誕生している。この付近に見える「鳥居」マークは、白山神社である。

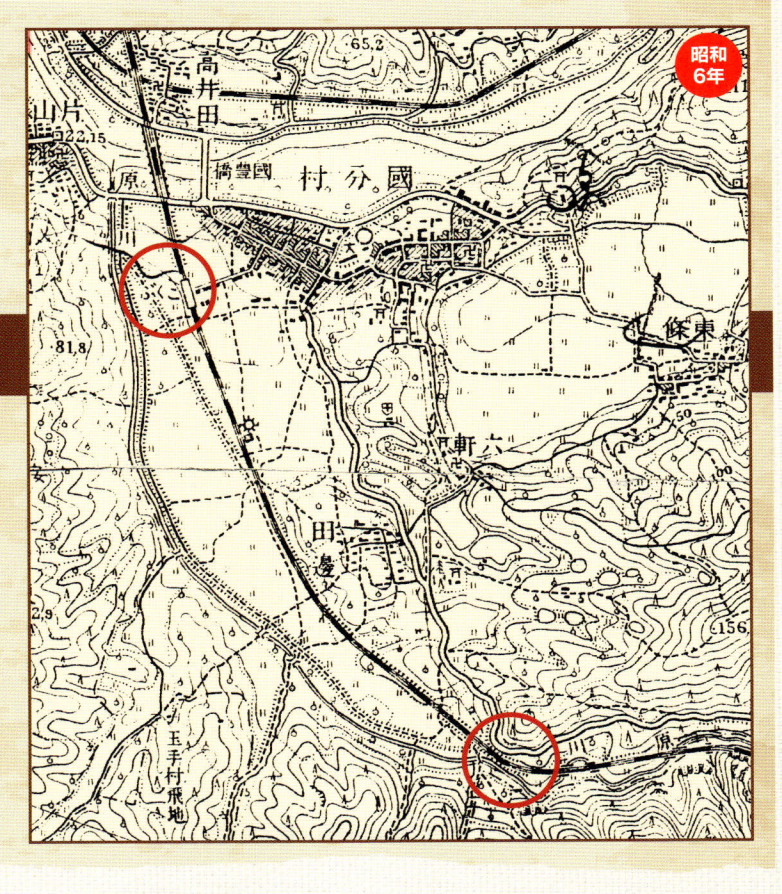

27

Sekiya St. / Nijō St. / Kintetsu-Shimoda St.
関屋、二上、近鉄下田

新玉手山トンネルを出た最初が関屋駅
奈良・香芝市内に二上・近鉄下田駅が

【関屋駅】

開業年	昭和2(1927)年7月1日
所在地	奈良県香芝市関屋1578-3
キロ程	22.0km（大阪上本町起点）
駅構造	地上駅　橋上駅／2面2線
乗降客	5,873人

【二上駅】

開業年	昭和2(1927)年7月1日
所在地	奈良県香芝市穴虫2033
キロ程	24.1km（大阪上本町起点）
駅構造	地上駅（地下駅舎）／2面2線
乗降客	7,763人

【近鉄下田駅】

開業年	昭和2(1927)年7月1日
所在地	奈良県香芝市下田西1-7-14
キロ程	25.7km（大阪上本町起点）
駅構造	地上駅（地下駅舎）／2面2線
乗降客	4,544人

昭和42年

撮影・今井啓輔

▲関屋～二上
関屋～二上間の急曲線を走る11400系新エースカー。

現在

◀JR香芝駅
近鉄下田駅からJR和歌山線香芝駅は北東へ徒歩約5分。王寺、生駒方面に向かうには便利な乗り換えルートである。

現在

▲二上駅
6両編成に対応するためのホーム延伸時に構内踏切を廃止し、改札口や通路を地下化した。

　柏原市内を走ってきた近鉄大阪線は、大阪教育大学前駅を出ると、新玉手山トンネルをくぐり、奈良県に入る。最初の駅は、香芝市内の関屋駅である。

　この関屋駅は、昭和2(1927)年7月、大阪電気軌道八木線の延伸時に開業した。現在は、香芝市内にあるが、開業当時は二上村で、昭和31(1956)年に合併により、香芝町となり、平成3(1991)年に香芝市に変わった。現在は、相対式ホーム2面2線のホームをもつ地上駅で、橋上駅舎を有している。

　次の二上駅も、旧二上村にあった駅である。開業も同じ昭和2年7月。こちらも相対式ホーム2面2線の地上駅である。「二上」の駅名は、大阪と奈良の府県境にある二上山に由来する。古来より神聖な山として崇敬を集め

た二上山は、万葉の歌人によっても和歌に詠まれた。現在はハイキングコースにもなっており、香芝市内に二上山博物館がある。

　続く近鉄下田駅は、昭和2年7月の開業時には「下田駅」を名乗っていた。昭和19年の会社合併時に、「近畿日本下田駅」と改称。昭和45(1970)年3月に「近鉄下田駅」となった。駅名に「近鉄」の名称を冠しているのは、JR和歌山線の香芝駅が、平成16(2004)年まで「下田駅」の名称を使用していたからである。駅の構造は、相対式ホーム2面2線の地上駅である。

　この駅の南東には、近鉄大阪線がJR和歌山線と交差するポイントがあり、その北西に位置する香芝駅とは至近距離にある。香芝市役所の最寄り駅でもある。

古地図探訪

二上駅、近鉄下田駅付近

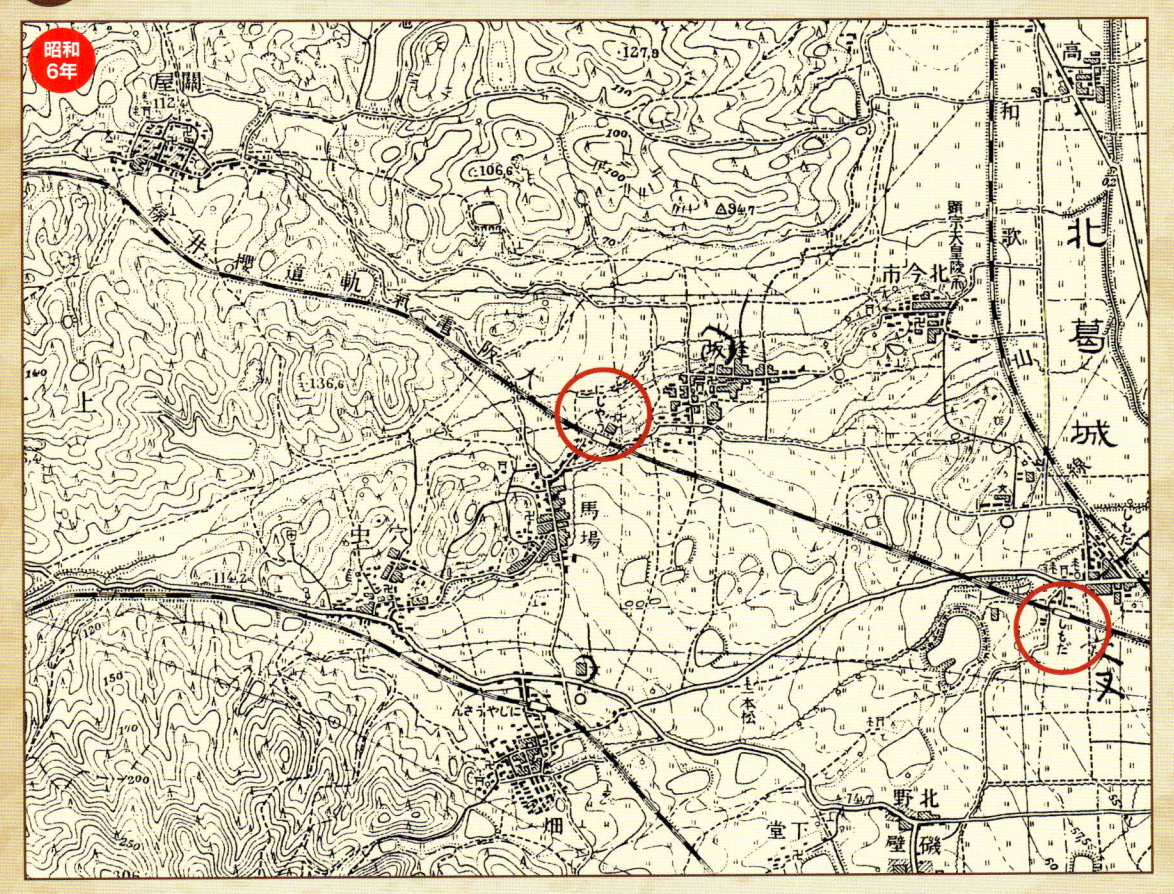

昭和6年

地図の西側は山地、東側は平地とくっきり分かれている。上方には、大阪電気軌道桜井（八木）線が通り、関屋、二上、下田（現・近鉄下田）駅が置かれている。また、下方には、大阪鉄道が通り、二上山駅が存在する。両者はともに近鉄の前身のひとつで、現在は前者が大阪線、後者が南大阪線となっている。地図上でもわかるように、二上駅と二上山駅はほぼ南北に並んで存在し、道路で結ばれている。

大軌下田駅付近では、省線和歌山線と交差し、連絡駅として下田（現・香芝）駅が置かれている。

近鉄下田駅（現在）
相対式ホーム2面2線で改札口は地下。香芝市役所の最寄駅で、北側にはJR和歌山線の香芝駅がある。

二上駅（昭和63年）
地上に駅舎があった頃の駅前風景。
提供：近畿日本鉄道

大阪線

Goidō St. / Tsukiyama St.
五位堂、築山
古代豪族の末裔の名から「五位堂」駅
築山駅は「顕宗天皇陵」の築山古墳から

【五位堂駅】
開業年	昭和2(1927)年7月1日
所在地	奈良県香芝市瓦口268
キロ程	27.1km（大阪上本町起点）
駅構造	地上駅　橋上駅／2面4線
乗降客	25,509人

【築山駅】
開業年	昭和2(1927)年7月1日
所在地	奈良県大和高田市築山467-3
キロ程	28.8km（大阪上本町起点）
駅構造	地上駅／2面2線
乗降客	2,885人

昭和49年頃
提供：近畿日本鉄道

△五位堂駅
地上駅舎時代。現在は橋上駅舎になっている。

現在

△五位堂駅
駅北側の駅前ロータリー。真美ヶ丘ニュータウンの最寄駅で、快速急行以下の全列車が停車する。

現在

▷五位堂駅
10両編成分の島式ホーム2面4線で橋上駅舎化された。

現在

◁五位堂駅
北側の出入口は橋上駅舎とデッキで結ばれている。

　近鉄下田駅を出た大阪線は、まもなくJR和歌山線と交差し、その北側を大和高田駅方面に向かって進む。この区間では、三重県津市に向かう国道165号に沿って進行することになる。次の五位堂駅も、香芝市内に位置している。

　五位堂駅は、昭和2(1927)年7月の開業で、JR五位堂駅（平成16年開業）の先輩であることから、和歌山線の駅がJRを冠する形になっている。駅の構造は、島式ホーム2面4線をもつ地上駅で、橋上駅舎をもつ。現在は、快速急行の停車駅となり、特急以外のすべての列車が停車する。「五位堂」の駅名、地名は、古代の豪族、大伴金村末裔の五位殿某に由来するとされ、江戸時代の「五位堂」村は「五位戸」「五井戸」とも記載されていた。

　続く築山駅も同じ昭和2年7月、この路線の延伸時に誕生した駅である。この駅からは大和高田市内となり、次の大和高田駅との距離は1.1kmと短い。駅の構造は相対式ホーム2面2線の地上駅である。

　「築山」の駅名、地名は、駅の南西にある「築山古墳」に由来する。この古墳は、奈良県でも有数の古墳群、馬見古墳群のひとつで、宮内庁により、「磐園陵墓参考地」に治定され、第23代顕宗天皇が被葬候補者となっているため、一般市民は立入ることができない。

◀築山駅
昭和63年
築山風の庭は無くなり、現在の駅舎が建った。
提供：近畿日本鉄道

▶五位堂駅
現在
駅南側の出入口。

◀築山駅
昭和58年
旧駅舎と駅前の様子。昔は駅名のような築山風の庭があった。
撮影：今井啓輔

▲五位堂駅ホーム
現在
島式ホーム2面4線ををを持つ待避可能な五位堂駅。香芝市の駅のため奈良交通の路線バスが各方面に発着している。

▶五位堂検修庫
現在
五位堂駅の西方に立地する五位堂検修車庫。近鉄車両のほぼすべての検査を担う。

▲五位堂駅
現在
駅周辺は住宅街で、北東に真美ヶ丘ニュータウンがあるため、副駅名に「真美ヶ丘ニュータウン前」が付けられている。

古地図探訪
五位堂駅、築山駅付近

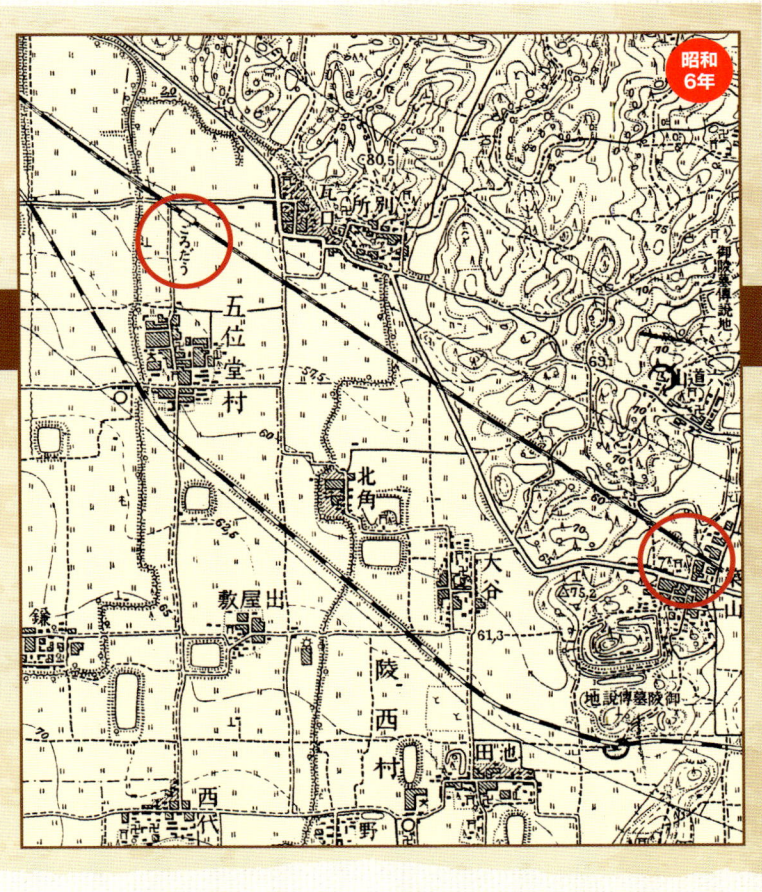

　地図の南西を占める平野部分には、五位堂村、陵西村が存在している。また、こうした集落付近には、多くの溜池が存在していることがわかる。現在、このあたりは香芝市、大和高田市に変わっており、東北側は広陵町となっている。

　地図の中央付近を走る大軌（現・近鉄）八木線には、五位堂、築山駅が設置されている一方で、南側を走る国鉄和歌山線には、駅の存在がない。昭和15（1940）年に五位堂信号場が生まれ、現在のJR五位堂駅に変わるのは、平成16年である。陵西村は、昭和31年に大和高田市に編入されている。

昭和6年

Yamato-Takada St. / Matsuzuka St.
大和高田、松塚

大和高田駅は、和歌山線の高田駅と連絡
大正14年開業、松塚駅も大和高田市に

【大和高田駅】
開業年	大正14(1925)年3月21日
所在地	奈良県大和高田市北本町14-4
キロ程	29.9km（大阪上本町起点）
駅構造	高架駅／2面2線
乗降客	15,806人

【松塚駅】
開業年	大正14(1925)年3月21日
所在地	奈良県大和高田市松塚24-2
キロ程	31.8km（大阪上本町起点）
駅構造	地上駅／2面2線
乗降客	1,298人

昭和37年
提供：大和高田市

大和高田駅
駅前広場に停まる車なども懐かしい。左はバスのりばで、当時はまだボンネットバスが現役だった。

昭和35年
提供：大和高田市

大和高田駅
高架化前の駅と駅前風景。右側にはボンネットバスが写る。

現在

大和高田駅
昭和38年に駅は高架化されたが、駅舎は昔ながらのものを使っていた。

大和高田駅
平成13年に駅舎を改築。テナントが入居する駅ビルになっている。

昭和53年
提供：大和高田市

　乗換駅でもあるJR和歌山・桜井線の高田駅とともに、大和高田市の玄関口となっているのが、大和高田駅である。また、大阪鉄道を起源にもつ近鉄南大阪線には、高田市駅がある。

　この大和高田駅は大正14(1925)年3月、大阪電気軌道八木線の高田～八木（現・八木西口）間の開通時に、高田駅として開業し、畝傍（現・橿原）線と結ばれる形となった。昭和2(1927)年7月、恩智～高田間の開業で、（大阪）上本町駅方面と直結するようになった。昭和4年6月、大軌高田駅と改称。昭和16年3月に大和高田駅と変わった。駅は相対式ホーム2面2線をもつ高架駅である。

　この駅がある大和高田市は、江戸時代には天領の高田村だった。明治22(1889)年に高田村、山内村などが合併して高田町が成立。昭和23(1948)年の市制施行により、大和高田市となった。これは既に、新潟県に高田市が存在したためで、その後、岩手県に陸前高田市、広島県に安芸高田市、大分県に豊後高田市という、旧国名を冠した市が生まれている。

　次の松塚駅も同じ大和高田市内にあり、大正14年3月の開業である。駅の構造は、盛土上に設けられた相対式2面2線をもつ地上駅で、改札口は1か所である。快速急行、急行は通過し、準急、区間準急などが停車する。

大阪線

🔺大和高田市の天神橋筋商店街
昭和30年頃
大和高田市は奈良県で2番目に市制施行したところ。各地から買い物客が集まる商店街は繁盛した。
所蔵：フォト・パブリッシング

🔺大和高田駅
現在
一部の特急も停車する。車両は22000系ACE。

🔺松塚駅
昭和62年
プラットホームは盛土上にあり、駅舎は一段低い位置にある。
提供：近畿日本鉄道

🔺大和高田駅前
現在
駅前は繁華街で、駅前にはショッピングセンターのオークタウン大和高田があり、駅と立体歩道橋で直結している。

🚶 古地図探訪
大和高田駅、松塚駅付近
昭和4年

この当時の高田町（現・大和高田市）の市街地は、大軌高田（現・大和高田）駅、国鉄高田駅周辺に広がっていたことがわかる。両線の間には、大日本紡績の高田工場が存在していた。ここは明治29（1896）年、大和紡績の工場として開かれ、後にユニチカの工場となり、昭和52（1977）年に閉鎖されている。現在は、マンションやライフ大和高田店などがあるショッピングセンター、オークタウン大和高田に変わっている。

松塚駅の付近には松塚村が存在し、その西側には土庫村が存在した。両村は、昭和2年に大和高田市に前身である高田町に編入されている。

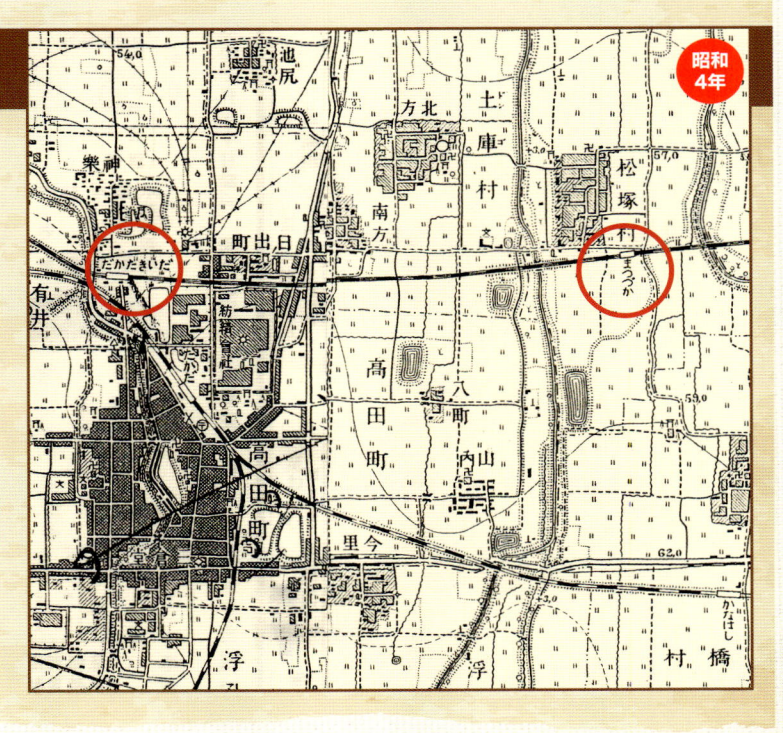

大阪市天王寺区 / 大阪市生野区 / 東大阪市 / 八尾市 / 柏原市 / 香芝市 / 大和高田市 / 橿原市 / 桜井市 / 宇陀市 / 名張市 / 伊賀市 / 津市 / 松阪市

Masuga St. / Yamato-Yagi St.
真菅、大和八木
橿原市に真菅駅、昭和31年まで真菅村
大和八木駅は沿線主要駅、橿原線と交差

【真菅駅】
開 業 年	大正14(1925)年3月21日
所 在 地	奈良県橿原市曽我町1070
キ ロ 程	32.8km（大阪上本町起点）
駅 構 造	地上駅(地下駅舎)／2面2線
乗 降 客	4,869人

【大和八木駅】
開 業 年	大正14(1925)年3月21日
所 在 地	奈良県橿原市内膳町5-1-2
キ ロ 程	34.8km（大阪上本町起点）
駅 構 造	地上駅 高架駅(2層構造)／4面6線
乗 降 客	34,537人

昭和42年

現在

🔺大和八木駅
橿原市の玄関口。1階に橿原線、2階に大阪線のホームがある。

提供：橿原市

🔺大和八木駅
橿原線と大阪線を結ぶ大和八木駅経由の連絡線完成前で、同連絡線は昭和42年12月20日に完成する。

現在

▶大和八木駅前
今となっては懐かしい車がずらりと並ぶ風景。こちらへ向かって来るのは奈良交通のバス。

◀大和八木駅
八木駅と呼ばれることが多く、ほかの近鉄の駅同様に、駅名板の大和の文字は小さい。

昭和52年

提供：橿原市

　大正14(1925)年3月、当時の真菅村、現在の橿原市曽我町に開業したのがこの「真菅」駅である。現在の橿原市は昭和31(1956)年2月、八木町や今井町、畝傍町、真菅村などが合併して成立している。「真菅」駅の構造は、相対式ホーム2面2線の地上駅で、準急、区間準急、普通が停車する。

　奈良盆地を西に進んでいた大阪線は、少し南西に方向を変え、「大和八木」駅に至る。この八木駅は、大阪線と橿原線の連絡駅で、橿原市の中心駅でもある。

　この駅は大正12年3月、大阪電気軌道畝傍線（現・橿原線）の平端〜橿原神宮前間の開通時に、「八木駅」として開業し、2年後の大正14年に八木線（現・大阪線）が八木駅に乗り入れた。その後、八木線の高田〜八木間の延伸で接続駅となり、昭和3(1928)年3月に「大軌八木駅」と改称している。

　翌年の昭和4年1月、桜井線（現・大阪線）が桜井駅まで開業し、「大軌八木駅」は新駅に移転。旧駅は「八木西口駅」として畝傍線単独の駅となった。昭和16年には、駅名を現在の「大和八木」に改称した。また、昭和42年には大阪線大和八木〜橿原線新ノ口間に連絡線が設けられている。

　駅構造は、橿原線を大阪線が跨ぐ形で、大阪線は島式ホーム2面4線、橿原線は相対式ホーム2面2線である。なお、旧駅だった歴史をもつ「八木西口駅」は、「大和八木駅」構内の別ホーム、別出口の扱いとなっている。

大阪線

現在 大和八木駅
北口。近鉄百貨店橿原店もある。

昭和44年 大和八木駅での連結風景
連絡線の完成により、大和八木駅で連結作業が行えるようになった。写真は、京都発と上本町発の連結作業。連絡線完成までは、八木西口駅(橿原線)で連結作業を行い、大阪線から一度引き込まれるため手間がかかっていた。

撮影：今井啓輔

現在 大和八木駅
北口ロータリーの様子。

大和八木駅
特急停車駅。一部の特急を除き停車する。写真は30000系ビスタEX。

現在 大和八木駅前
駅は橿原市の玄関口でもある。橿原市は昭和31年に発足。平成28年2月に市制60周年を迎えた。

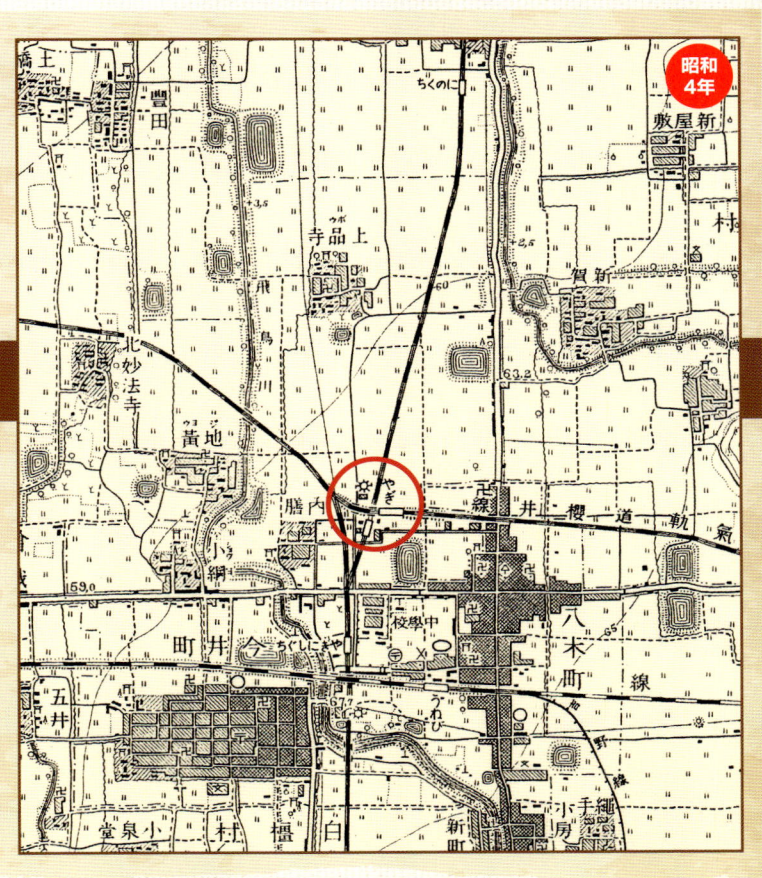

古地図探訪
大和八木駅付近

　地図上に見えるのは、北から新ノ口駅、八木(現・大和八木)駅、八木西口駅、畝傍駅の4駅である。この当時の大軌八木(現・大和八木)駅は、桜井線(現・大阪線)、畝傍線(現・橿原線)の2つの線に分かれていた。
　八木西口駅の東、畝傍駅の北には、郵便局の地図記号と「中学校」の文字が見える。「〒」の地図記号は、現在の橿原郵便局である。一方、中学校は移転し、現在は橿原市役所が置かれている。また、両駅の南西に広がる今井町は、古くから商業で栄えた場所で、現在も江戸時代そのままの町家が残り、時代劇の撮影などにも使われている。

昭和4年

35

Miminashi St. / Daifuku St. / Sakurai St.
耳成、大福、桜井

耳成の駅名は、大和三山「耳成山」から
桜井市に大福駅。「桜井」でJR線連絡

【耳成駅】

開業年	昭和4（1929）年1月5日
所在地	奈良県橿原市石原田町208-2
キロ程	36.9km（大阪上本町起点）
駅構造	地上駅（地下駅舎）／2面2線
乗降客	3,586人

【大福駅】

開業年	昭和4（1929）年1月5日
所在地	奈良県桜井市大福3-241-2
キロ程	38.2km（大阪上本町起点）
駅構造	地上駅（地下駅舎）／2面2線
乗降客	1,655人

【桜井駅】

開業年	昭和4（1929）年1月5日
所在地	奈良県桜井市桜井190-2
キロ程	39.8km（大阪上本町起点）
駅構造	高架駅／2面2線
乗降客	17,374人

昭和43年

◀耳成〜大福
三輪山を背景に、晩秋の耳成〜大福間を走る10100系ビスタカー。
撮影：今井啓輔

昭和47年

▶桜井駅
長距離用として登場した2610系。当初は近鉄マルーン一色だった。

◀耳成駅
地上駅舎時代の駅。プラットホームは現在も地上だが、改札口などは地下化されている。
撮影：今井啓輔

昭和56年

撮影：今井啓輔

　耳成駅までは橿原市内、次の大福駅は桜井市内となる。この区間の路線は、JR桜井線の北側を走っており、中間付近やや大福駅寄りの南側に、JR香久山駅がある。
　耳成駅はその名の通り、耳成山の最寄り駅である。大和三山は耳成山、天香久山、畝傍山で、いずれも鉄道（JR、近鉄）の駅名にその名が採られている。耳成駅の開業は昭和4（1929）年1月、大軌桜井線の大軌八木（現・大和八木）〜桜井間の延伸時である。相対式ホーム2面2線を有する地上駅である。
　次の大福駅も同じ昭和4年1月の開業である。縁起の良い名称の大福は、かつての興福寺の荘園「大仏供荘」から転じたものとされる。この駅も相対式ホーム2面2線の地上駅で、現在は無人駅となっている。
　桜井市の中心駅で、JR桜井線との連絡駅となるのが、桜井駅である。近鉄駅、JR駅は並びあう形で存在し、近鉄駅は北側に位置する。この桜井駅は明治42（1909）年12月、初瀬軌道の駅として開業。初瀬軌道から初瀬鉄道を経た長谷鉄道が、昭和3年1月に大阪電気軌道と合併し、長谷線の駅となった。昭和4年に桜井線（現・大阪線）が開業、また同年、参宮急行電鉄桜井〜長谷寺間も開業した。このうち、長谷線は昭和13年に廃止されたが、大軌と参宮急行は合併し、現在の近鉄に至っている。なお、JR桜井駅は明治26（1893）年に大阪鉄道の駅として開業している。

古地図探訪

耳成駅、大福駅、桜井駅付近

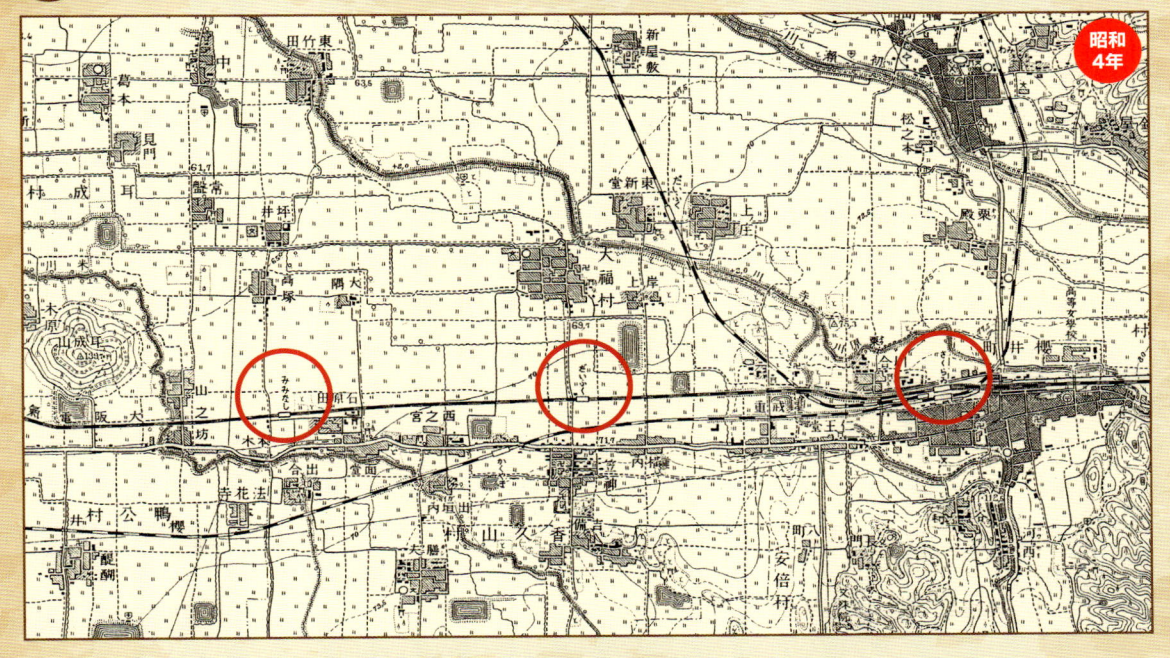

昭和4年

地図の東西を横切るように、大阪電気軌道桜井線（現・近鉄大阪線）と国鉄桜井線が走っている。大軌には耳成駅と大福駅が置かれ、桜井線には香久山駅が存在する。桜井線は桜井駅から北に延びている。

一方、この当時は、桜井駅から北西に延びる大和鉄道（現・近鉄田原本線）があり、もうひとつの大福駅があった。こちらの大福駅は、昭和3（1928）年に東新堂駅に駅名を改称したが、昭和19年に桜井～田原本間の路線が休止（昭和33年廃止）したため、駅も廃止となっている。桜井駅の東側に見える高等女学校は、明治37（1904）年開校の奈良県立桜井高等女学校で、現在の桜井高校の前身である。

大福駅（昭和51年）
撮影：今井啓輔
地上駅舎時代の様子。平成2年に改札口などを地下化した。

桜井駅（昭和50年代）
撮影：今井啓輔
曲線改良前の桜井駅を後にする12200系新スナックカー。

桜井駅（現在）
JRの桜井線との接続駅。平成7年に駅の改良工事が完成した。写真は北口。

大福駅から見た三輪山（昭和51年）
撮影：今井啓輔
大福駅は縁起の良い駅名として知られる。ホームの向うには三輪山。なだらかな円錐形の形が特徴で、山そのものがご神体である。

Yamato-Asakura St. / Hasedera St. / Haibara St.

大和朝倉、長谷寺、榛原
(やまとあさくら、はせでら、はいばら)

大和朝倉駅は、大戦末の昭和19年11月開業
「長谷寺」は名刹、「榛原」は宇陀市の玄関口

【大和朝倉駅】

開 業 年	昭和19(1944)年11月3日
所 在 地	奈良県桜井市大字慈恩寺1029
キ ロ 程	41.9km（大阪上本町起点）
駅 構 造	地上駅　橋上駅／2面4線
乗 降 客	2,189人

【長谷寺駅】

開 業 年	昭和4(1929)年10月27日
所 在 地	奈良県桜井市大字初瀬2499
キ ロ 程	45.6km（大阪上本町起点）
駅 構 造	地上駅(盛土上)／2面2線
乗 降 客	1,041人

【榛原駅】

開 業 年	昭和5(1930)年2月21日
所 在 地	奈良県宇陀市榛原荻原2426
キ ロ 程	50.1km（大阪上本町起点）
駅 構 造	地上駅　橋上駅／3面5線
乗 降 客	10,555人

昭和13年

撮影：高田隆雄

▶長谷寺付近を走る名車2200系
2200系は近鉄の前身の一つである参宮急行電鉄によって製造された長距離用の大型電車。狭窓やクロスシートがずらりと並び、その優美な姿は一世を風靡した。

昭和54年

▶長谷寺〜榛原
長谷寺駅と榛原駅のほぼ中間付近。現在も田畑が広がる風景である。

◀榛原〜長谷寺
伝統のマルーン色で走る準急。
撮影：岩堀春夫

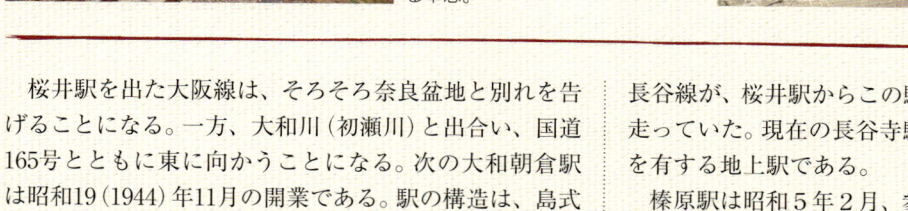

平成2年

撮影：岩堀春夫

　桜井駅を出た大阪線は、そろそろ奈良盆地と別れを告げることになる。一方、大和川（初瀬川）と出合い、国道165号とともに東に向かうことになる。次の大和朝倉駅は昭和19（1944）年11月の開業である。駅の構造は、島式ホーム2面4線をもつ地上駅で、橋上駅舎をもっている。
　大阪線は、大和朝倉駅を出ると、駅間の距離が長くなる。3.7km離れた長谷寺駅は、観音霊場、牡丹の名所として有名な長谷寺の最寄り駅。この駅は昭和4年10月、参宮急行電鉄の桜井〜長谷寺間の開通時に、終着駅として開業した。さらに昭和5年2月には、隣りの榛原駅まで延伸した。なお、昭和13年までは、大阪電気軌道（大軌）長谷線が、桜井駅からこの駅付近の初瀬駅まで並行して走っていた。現在の長谷寺駅は、相対式ホーム2面2線を有する地上駅である。
　榛原駅は昭和5年2月、参宮急行電鉄の終着駅として開業。同年10月には、伊賀神戸駅まで延伸した。現在の駅は、島式2面4線、単式1面1線のホームが並ぶ地上駅で、橋上駅舎となっている。
　この駅は、宇陀市に中心駅である。平成18（2006）年、榛原町、大宇陀町などが合併して、宇陀市が誕生した。宇陀市の市庁舎は、この榛原駅の南西に置かれている。

昭和51年

🔺長谷寺駅
旧駅舎時代の様子。プラットホームは一段高い位置にある。 
撮影：今井啓輔

平成15年

🔺榛原〜室生口大野
ク12510形を先頭に走る12410系鳥羽行特急。
撮影：岩堀春夫

▶榛原駅
宇陀市の代表駅で、南北にタクシー、バスのりばがある。駅は橋上駅舎。

現在

◀榛原駅
3面5線の榛原駅。写真は伊勢志摩ライナー。

現在

▶大和朝倉〜長谷寺
この辺りの線路は初瀬街道とともに上り下りを繰り返しながら迫る山腹を縫ってゆく。

平成2年

撮影：岩堀春夫

🚶 古地図探訪

長谷寺駅、榛原駅付近

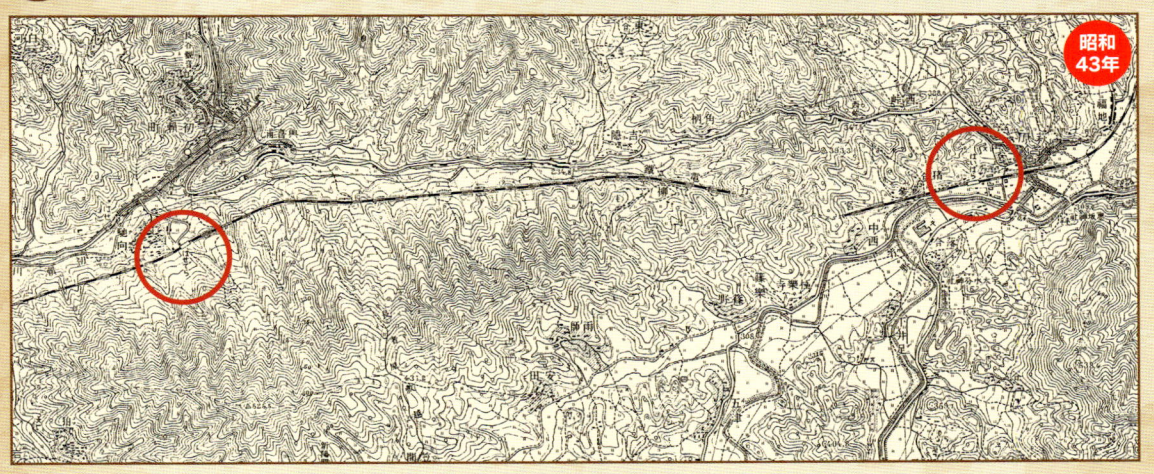

昭和43年

　この長谷寺、榛原駅がある路線は、昭和5年に参宮急行電鉄（現・近鉄）が開業したものである。ほとんどが山間を走っており、両駅の間にはトンネル区間がある。長谷寺駅の北側には、初瀬町の集落があり、古刹の長谷寺が存在している。この初瀬町は昭和34（1959）年に桜井市に編入されている。
　榛原駅の南側には芳野川が流れ、榛原町の集落があった。榛原町は明治26（1893）年、榛原村が町制を施行した成立した後、一世紀以上にわたり存在したものの、平成18年に大宇陀町などと合併し、宇陀市に変わっている。鉄道の北を走る道路は初瀬街道で、現在は国道165号に変わっている。

39

Murōguchiōno St. / Sambommatsu St. / Akameguchi St.
室生口大野、三本松、赤目口

室生口大野駅は「女人高野」に至る窓口
三本松・赤目口の間に奈良・三重の県境

榛原〜室生口大野（昭和42年）
背の高いコンクリート橋脚に支えられる神田川橋梁を渡る。
撮影：今井啓輔

室生口大野駅（昭和45年）
現在も同じ駅舎があるが、駅は無人化された。室生寺へは奈良交通のバスがアクセスしている。
撮影：荻原二郎

三本松駅（現在）
道の駅宇陀路室生が、駅の西方の国道165号沿いにある。

　奈良県内を走ってきた大阪線も、これからは北東へ向かっていくことになる。三重県に入るまで残る駅は2つ。ともに宇陀市内の室生口大野、三本松の二駅となった。
　室生口大野駅は、文字通り「女人高野」として知られる名刹、室生寺への玄関口の役割をもっている。国道165号に近い場所にある駅から室生寺までは、国道から分かれて、奈良県道28号吉野室生寺針線を南東に進むことになる。
　この駅は参宮急行電鉄時代の昭和5（1930）年10月の開業である。駅の構造は、築堤上にある相対式2面2線の地上駅で、駅舎はホームより1階下に位置している。特急以外の快速急行、急行なども停車するが、平成25（2013）年12月から無人駅となっている。
　次の三本松駅も昭和5年10月の開業である。駅の構造も相対式ホーム2面2線で、同じく無人駅である。こちらは快速急行が通過、急行、準急などが停車する。
　赤目口駅は、三重県に入って最初の駅。名張市内にある。この駅は、古くから景勝地として有名な赤目四十八滝の最寄り駅である。多くの滝をもつこの赤目四十八滝は、「瀧参り」といわれる山岳信仰の地であり、「赤目」の名も役行者が修行中に赤い目の牛に乗った不動明王に会ったという伝説に由来する。
　駅の開業は昭和5年10月。相対式ホーム2面2線の地上駅で、平成25年から無人駅となっている。

【室生口大野駅】

開業年	昭和5(1930)年10月10日
所在地	奈良県宇陀市室生大野1756
キロ程	57.2km（大阪上本町起点）
駅構造	地上駅（盛土上）／2面2線
乗降客	1,345人

【三本松駅】

開業年	昭和5(1930)年10月10日
所在地	奈良県宇陀市室生三本松2937
キロ程	59.7km（大阪上本町起点）
駅構造	地上駅／2面2線
乗降客	187人

【赤目口駅】

開業年	昭和5(1930)年10月10日
所在地	三重県名張市赤目町丈六257－1
キロ程	64.0km（大阪上本町起点）
駅構造	地上駅／2面2線
乗降客	633人

▶赤目口～三本松を走る30000系
昭和54年

ダブルデッカーを連ねて走る30000系ビスタカー。写真の前年12月に登場したばかり。
撮影：岩堀春夫

◀室生口大野駅
昭和42年

プラットホームは築堤上。写真は伊勢中川方の稲荷山トンネルを奥に見たところ。
撮影：今井啓輔

▲赤目口駅
現在

赤目四十八滝の最寄駅で、三重交通の路線バスが発着する。

▶三本松～赤目口
昭和55年

修学旅行用電車に2階建てを採用したのは、小学生にビスタカーのような2階建て車両を体験してもらいたいという思いがあったからだ。
撮影：岩堀春夫

🚶 古地図探訪

室生口大野駅、三本松駅、赤目口駅付近

昭和43年

この地図は、昭和43（1968）年に発行されたもので、既に近畿日本鉄道大阪線になっている。室生口大野、三本松、赤目口の3駅が置かれているこの区間は、一部はトンネルになっており、宇陀川と国道165号に沿いながら、三重県との県境方向に進んでゆく。室生口大野駅の駅名になっている室生寺は、駅からはかなり離れた南東に位置しており、地図上には見えない。

赤目口駅の西側、安部田の集落付近には鹿高神社がある。その北の「卍」の地図記号は宝泉寺であり、「文」の表示があった錦生小学校は閉校し、跡地には名張市郷土資料館が開館している。

41

Nabari St. / Kikyōgaika St.
名張、桔梗が丘

伊賀地方の中心、名張駅は昭和5年開業
大規模団地の玄関口として、桔梗が丘駅

【名張駅】

開 業 年	昭和5(1930)年10月10日
所 在 地	三重県名張市平尾2961
キ ロ 程	67.2km（大阪上本町起点）
駅 構 造	地上駅／2面4線
乗 降 客	6,856人

【桔梗が丘駅】

開 業 年	昭和39(1964)年10月1日
所 在 地	三重県名張市桔梗が丘一番地1街区1
キ ロ 程	70.0km（大阪上本町起点）
駅 構 造	地上駅　橋上駅／2面2線
乗 降 客	3,616人

昭和45年

▲名張駅
古い木造建築の駅舎。現在は窓枠がアルミサッシ化されているものの、現役の駅舎として使用されている。

現在 ▶江戸川乱歩像
旧名張町（現・名張市）は、推理作家江戸川乱歩の出生地。平成25年に建立。

現在 ▶名張駅西口
名張駅は西口と東口に改札口が設けられており、いずれも駅前にバス停が整備されている。駅の周囲は主に西側は商店街で東方向には住宅街が形成されている。

現在 ◀桔梗が丘駅
近鉄グループによって昭和38(1963)年に造成が始まった「桔梗が丘住宅地」の最寄駅。相対式のホームは掘割の中にある。東口からは三重交通のバスが発着する。

　名張駅は、伊賀地方の中心のひとつで、忍者の里としても知られる名張市の玄関口である。名張市は現在の人口が約7万8,000人、伊勢参りの宿場町として栄え、昭和29(1954)年3月に名張町、滝川村などが合併して名張市が誕生した。

　昭和5(1930)年10月、参宮急行電鉄の榛原〜伊賀神戸間の開通時に開業した。その後、大阪電気軌道との合併で、関西急行電鉄の駅となり、昭和19年から近畿日本鉄道の駅となっている。一方、近鉄には伊賀軌道が起源となる伊賀線（現在は伊賀鉄道伊賀線）が存在し、この線にもかつて名張駅が置かれていた。こちらの駅は昭和5年、参宮急行の名張駅開設により、西名張駅と改称。昭和39年10月に廃止された。

　現在の名張駅は、島式ホーム2面4線を有する地上駅で、一部の特急以外の全列車が停車する。

　次の桔梗が丘駅は、大規模団地の桔梗が丘団地の開発に合わせて、昭和39年10月に開業した比較的新しい駅である。このとき、伊賀線の伊賀神戸〜西名張間が廃止され、途中駅だった蔵持、西原駅などの代替駅の役割を担うことになった。駅の構造は相対式2面2線をもつ地上駅で、平成2(1990)年7月に橋上駅舎となっている。

昭和45年

▲名張車庫
名張駅の北西に隣接する名張車庫。当時から大阪線の運行上で重要な役割を担っている。

昭和13年
撮影：高田隆雄

▲名張付近
名張付近を走る単行電車の様子。

現在

◀名張駅
伊勢中川方を見たところ。写真左は22600系Aceで大阪方面へ向かう特急。

昭和41年
撮影：今井啓輔

▲桔梗が丘駅
近鉄桔梗が丘住宅地の開発にともなって設置された駅。写真は開業数年目のころ。平成2年に橋上駅舎化された。

昭和43年

古地図探訪
名張駅、桔梗が丘駅付近

　名張駅の南側には、名張川が流れており、新町橋、鍛冶町橋、夏見橋が架かっている。その北を通っている道路は、名張街道である。駅の西側には、「文」の地図記号が2つと「鳥居」の地図が並んでいる。2つの学校は名張小学校と名張中学校で、その北西に寿栄神社が鎮座している。北東には名張郵便局が置かれている。

　この当時、南側には市役所の地図記号も見えるが、現在は駅の北西に移転している。跡地には、名張総合福祉センターふれあいが誕生している。桔梗が丘駅付近では、まず東側に広大な桔梗が丘団地が造成されていることがわかる。

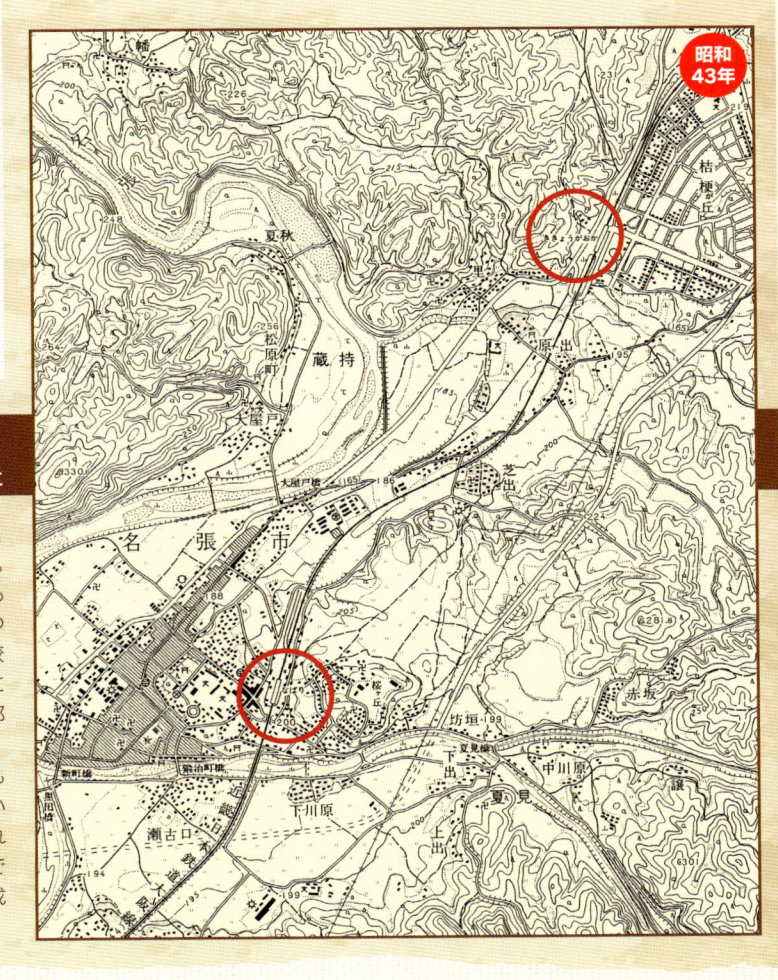

大阪市天王寺区　大阪市生野区　東大阪市　八尾市　柏原市　香芝市　大和高田市　橿原市　桜井市　宇陀市　名張市　伊賀市　津市　松阪市

43

Mihata St. / Iga-Kambe St. / Aoyamachō St.
美旗、伊賀神戸、青山町

美旗駅の前身に、伊賀電気鉄道の駅あり
伊賀神戸は連絡駅、青山町駅に車庫存在

【美旗駅】

開業年	昭和5(1930)年10月10日
所在地	三重県名張市新田1891
キロ程	73.1km(大阪上本町起点)
駅構造	地上駅／2面2線
乗降客	966人

【伊賀神戸駅】

開業年	昭和5(1930)年10月10日
所在地	三重県伊賀市比土2628-3
キロ程	75.5km(大阪上本町起点)
駅構造	地上駅／3面3線(うち近鉄は2面2線)
乗降客	2,588人

【青山町駅】

開業年	昭和5(1930)年11月19日
所在地	三重県伊賀市阿保405
キロ程	77.9km(大阪上本町起点)
駅構造	地上駅／2面4線
乗降客	1,208人

昭和42年
撮影：荻原二郎

◎伊賀神戸駅
近鉄伊賀線(現・伊賀鉄道)の分岐駅。駅舎は改修されつつ現在も使用されている。

現在

◎美旗駅
駅の南東には、かつて近鉄伊賀線の美旗新田駅があったが昭和39年に廃止された。

現在

◎伊賀神戸駅
改修や増築が行われているものの、背後の駅舎に昔ながらの面影を見ることができる。

　美旗駅は、昭和5(1930)年10月、参宮急行電鉄の駅として開業した。当時は、既に伊賀電気鉄道(後に近鉄伊賀線、現在は伊賀鉄道伊賀線)に美旗駅が存在したが、この美旗駅の誕生駅により、美旗新田と改称したが、当駅は昭和39(1964)年10月に廃止された。現在の美旗駅は、相対式ホーム2面2線の地上駅で、平成25(2013)年12月から無人駅となっている。

　次の伊賀神戸駅は、近鉄大阪線と伊賀鉄道伊賀線の連絡駅である。昭和5年、参宮急行電鉄の榛原・伊賀神戸間の開通時に終着駅として開業した。同年11月には伊賀神戸～阿保(現・青山町)間が開業して中間駅となった。それ以前、伊賀鉄道には付近に庄田駅が存在したが、この駅の誕生により廃止された。近鉄駅は相対式ホーム2面2線の地上駅で、伊賀鉄道は単式ホーム1面1線である。一部の特急のほか、快速急行、急行などが停車する。

　青山町駅は昭和5年11月に終着駅の阿保駅として開業。12月には佐田(現・榊原温泉口)駅まで延伸し、中間駅となった。昭和45年3月、青山町駅と改称している。大阪方面への折り返し拠点で、平成10(1998)年3月に車両留置に特化した青山町車庫が完成した。駅の構造は島式ホーム2面4線の地上駅である。

　「青山町」駅の名称は、現在の伊賀市が誕生する前に存在した青山町に由来する。青山町は昭和30年3月に阿保町、種生村などが合併して誕生。平成16(2004)年11月、上野市などと合併し、伊賀市が発足したために廃止となったが、駅名としてはそのまま使用されている。

青山峠旧線の風景
（伊勢上津～榊原温泉口間）

現在では近鉄の特急をはじめ各列車が新青山トンネルを疾駆している。しかし、かつての青山越えは布引き山系の鉄道名所であったものの、単線区間が多く存在し輸送のネックとなっていた。大阪～名古屋・伊勢志摩方面を結ぶ大阪線の重要度は増すばかりであったことから順次計画的に複線化が進められた。ほぼ直線に貫く新ルートを開通させたことにより、昭和50（1915）年11月に大阪線の全線複線化が完了した。

昭和48年
撮影：今井啓輔

青山町駅（現在）
三重交通と青山行政バスが発着する駅前。駅の西側に青山町車庫がある。

青山町駅の旧駅名（昭和45年）
青山町駅は昭和45年3月1日に改称するまで阿保駅だった。
撮影：今井啓輔

近鉄の譲渡路線、伊賀鉄道伊賀線

起点の伊賀上野から終点の伊賀神戸まで、伊賀市内に14駅を持つ路線で、伊賀市中心部とＪＲ関西本線、近鉄大阪線を連絡している。大正5（1916）年に伊賀軌道が上野駅連絡所（現・伊賀上野）～上野町（現・上野市）間を開業し、同11（1922）年に上野町～名張（のちの西名張）を全通させて、本格的な路線運行が始まった。その後、運営会社が何度か変わるが、近鉄が新しい会社としてスタートした昭和19（1944）年からは近鉄が運営してきた。ただし、昭和39（1964）年には伊賀神戸～西名張間の各駅を廃止し、同44（1969）年には鍵屋辻、四十九の両駅を廃止している。

そして、平成19（2007）年10月1日、赤字路線である近鉄伊賀線は、伊賀鉄道に運営を移管して伊賀鉄道伊賀線となった。伊賀鉄道は近鉄が98％、伊賀市が2％出資する新会社だが、近鉄は第三種鉄道事業者として線路や車両は保有している。運営移管にともなって赤字削減のための合理化が図られ、伊賀上野、上野市、茅町、伊賀神戸を除く各駅は終日無人駅となっている。

列車の運行は、伊賀上野～上野市間が1時間に1、2本、上野市～伊賀神戸間が15～30分間隔となっている。路線総延長の16.6kmは全区間で単線で、2両5編成の列車はすべてワンマン運転が実施されている。近鉄時代には伊賀線全線を通して運転する列車はなかったが、伊賀鉄道になってからは1日に3～6本が運行されるようになった。平成20（2008）年からは、自転車を列車内に持ち込めるサイクルトレインが毎日運行している。

上野市車庫　昭和32年
上野市駅に隣接する車庫。伊賀線が伊賀鉄道として、近鉄から経営分離した後も、伊賀鉄道の車両の検車業務は近鉄が行っている。写真の電気機関車はデ61形のデ63で、大阪鉄道のデキA形として昭和初期に製造された凸型機である。
撮影：山本雅生

Iga-Kōzu St. / Nishi-Aoyama St. / Higashi-Aoyama St.
伊賀上津、西青山、東青山、榊原温泉口

伊賀上津、西青山駅まで伊賀市内に存在
津市に東青山駅、名湯「榊原温泉」への玄関

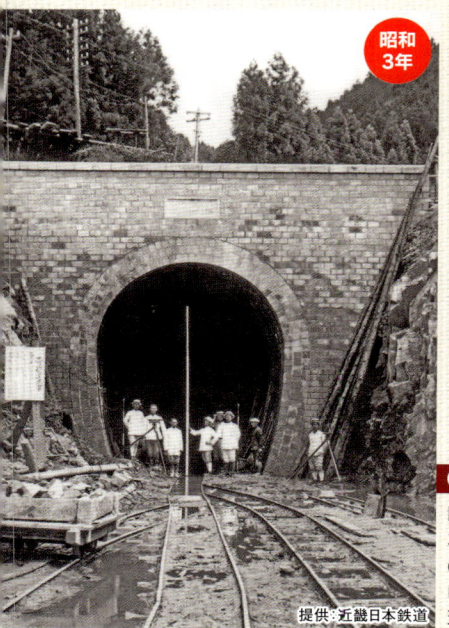

昭和3年

昭和50年
撮影：今井啓輔
▲新青山トンネル
新線に建設された新青山トンネルの西口と試運転列車。

◀青山トンネル
昭和5(1930)年の開通を前にした全長3432メートルの青山トンネル坑口。単線のため、トンネル西側に旧・西青山駅、東側に旧・東青山駅が設けられ、両駅での列車交換が可能になっていた。
提供：近畿日本鉄道

昭和49年
撮影：今井啓輔
▲旧西青山駅
旧線時代の西青山駅舎と付近。

昭和57年
提供：近畿日本鉄道
▲榊原温泉口駅
実際に榊原温泉に向かう路線バスは当駅からほとんど発着せず、近鉄名古屋線の津駅や久居駅から路線バスを利用した方が便利である。

　平成16(2004)年に誕生した新しい伊賀市は、広い市域をもっており、次の伊賀上津、西青山駅までは伊賀市内に含まれる。また、次の東青山、榊原温泉口駅は、津市内に存在する。

　伊賀上津は昭和5(1930)年12月の開業で、次の西青山駅と同じ月の開業である。一日の平均乗降客数は200人あまりの里山の中の小さな駅である。相対式ホーム2面2線をもつ地上駅で、現在は無人駅である。

　次の西青山駅は、近鉄最長の新青山トンネルのすぐ西側に存在する。こちらは伊賀上津駅よりもさらに乗降客数は少なく、近鉄からは一日に1人と発表されたこともある。相対式ホーム2面2線の高架駅である。

　津市に入って最初の東青山駅も、昭和5年12月に開業している。現在は津市にあるが、平成18年1月までは、昭和30(1955)年3月に誕生した白山町が存在し、榊原温泉口駅とともに同町内にあった。駅は島式ホーム2面4線を有する高架駅で、盛土上に設置されている。

　榊原温泉口駅は、「枕草子」にも登場した名湯、榊原温泉の玄関口となっている。昭和5年11月、参宮急行電鉄の佐田〜参急中川(現・伊勢中川)間の開業時に終着駅の佐田駅として開業。12月に阿保(現・青山町)方面ともつながった。昭和40年に現駅名に改称している。現在の榊原温泉口駅は相対式ホーム2面2線をもつ築堤上の高架駅である。

大阪線

Sakakibara-Onsenguchi

【伊賀上津駅】
開 業 年	昭和5(1930)年12月20日
所 在 地	三重県伊賀市伊勢路192
キ ロ 程	80.6km（大阪上本町起点）
駅 構 造	地上駅／2面2線
乗 降 客	116人

【西青山駅】
開 業 年	昭和5(1930)年12月20日
所 在 地	三重県伊賀市伊勢路字青山1353-4
キ ロ 程	83.8km（大阪上本町起点）
駅 構 造	高架駅／2面2線
乗 降 客	12人

【東青山駅】
開 業 年	昭和5(1930)年12月20日
所 在 地	三重県津市白山町上ノ村1074
キ ロ 程	91.5km（大阪上本町起点）
駅 構 造	高架駅／2面4線
乗 降 客	52人

【榊原温泉口駅】
開 業 年	昭和5(1930)年11月19日
所 在 地	三重県津市白山町佐田1526-2
キ ロ 程	95.4km（大阪上本町起点）
駅 構 造	高架駅／2面2線
乗 降 客	669人

▶旧西青山駅
旧線の青山トンネルはプラットホームのそばにあり、このトンネルを抜けると東青山駅だった。

昭和49年
撮影：今井啓輔

▶旧西青山駅
現在の駅よりも標高の高い位置にあった旧駅。

昭和49年
撮影：今井啓輔

▼旧東青山駅
雪景色の旧駅を走る12200系新スナックカー。

昭和43年
撮影：今井啓輔

大阪市天王寺区　大阪市生野区　東大阪市　八尾市　柏原市　香芝市　大和高田市　橿原市　桜井市　宇陀市　名張市　伊賀市　津市　松阪市

Ōmitsu St. / Ise-Ishibashi St. / Kawaitakaoka .St
大三、伊勢石橋、川合高岡

「大三」は村名、「参急石橋」から「伊勢石橋」
川合・高岡村の境界に昭和5年、駅が誕生

【大三駅】

開業年	昭和5（1930）年11月19日
所在地	三重県津市白山町二本木815-1
キロ程	97.6km（大阪上本町起点）
駅構造	地上駅／2面2線
乗降客	238人

【伊勢石橋駅】

開業年	昭和5（1930）年11月19日
所在地	三重県津市一志町大仰522-1
キロ程	101.6km（大阪上本町起点）
駅構造	地上駅／2面2線
乗降客	53人

【川合高岡駅】

開業年	昭和5（1930）年11月19日
所在地	三重県津市一志町田尻98-3
キロ程	104.4km（大阪上本町起点）
駅構造	地上駅／2面2線
乗降客	551人

昭和53年

◀大三駅
駅は周囲の集落より一段高い場所に設けられている。
提供：近畿日本鉄道

昭和55年

◀川合高岡駅
近隣にJR名松線一志駅があるが、本数が少ないので当駅を利用する傾向にある。
提供：近畿日本鉄道

古地図探訪　　　伊勢石橋駅付近

雲出川の西側に伊勢石橋駅が置かれ、大阪線は北東方向に進んでゆく。川の対岸には現在、三重県企業庁の高野浄水場ができている。駅の南側の「石橋大師」は、真言宗醍醐派の寺院、日嶽山不動院である。駅の北側に見える「卍」の地図記号は天台真盛宗の寺院、来福寺で、その北には坂本神社が存在する。

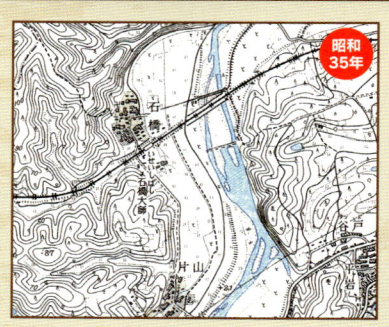

昭和35年

　大三駅の駅名は、この地にあった大三村に由来する。明治22（1889）年4月、大村、岡村、三ヶ野村が合併して、大三村が誕生。昭和30（1955）年3月、合併により白山町が発足するまで存在した。大三駅は昭和5（1930）年11月に参宮急行電鉄の駅として開業。現在は相対式ホーム2面2線の地上駅で、平成25（2013）年12月から無人駅となっている。

　伊勢石橋駅は、大三駅と同じ昭和5年11月の開業で、当初の駅名は「参急石橋」であった。昭和16年3月、大阪電気軌道との合併で、関西急行電鉄の駅となり、「伊勢石橋駅」と改称している。相対式ホーム2面2線の地上駅で、同じく無人駅である。また、現在は駅舎が撤去されて直接ホームに入る形となり、上下線ホームの連絡は、駅西側の踏切を使用することになる。

　川合高岡駅は、昭和5年11月の開業時には、川合村と高岡村の境界付近に存在したために命名された。両村は昭和30年1月に合併で一志町となり、現在は津市の一部となっている。

　駅の構造は相対式ホーム2面2線の地上駅で、駅舎は上り（2番）ホームにあり、跨線橋がないため、下り（1番）ホームとは構内踏切で連絡している。この駅も、平成25年12月から、無人駅となっている。

Ise-Nakagawa St.
伊勢中川
大阪・名古屋・山田線の三線が接続する
「中川短絡線」が大阪・名古屋線を結ぶ

【伊勢中川駅】

開業年	昭和5(1930)年5月18日
所在地	三重県松阪市嬉野中川新町1-93
キロ程	108.9km（大阪上本町起点）
駅構造	地上駅／5面6線
乗降客	3,855人

伊勢中川駅（昭和40年）
地上駅舎時代の様子。駅前広場には水たまりも見られた。
撮影：荻原二郎

鮮魚列車（現在）
志摩半島で水揚げされた新鮮な魚介類を大阪へ輸送する行商人向けの貸切列車で昭和38(1963)年から運行されている。使用車両は2680系。

伊勢中川駅（現在）
大阪線・名古屋線・山田線がYの字形に接続する近鉄の拠点駅。駅付近に日本最古の墨書土器が発掘されたことを示す時計塔がある。

伊勢中川駅（現在）
大阪線、名古屋線、山田線の接点。写真はサニーカー。

古地図探訪　伊勢中川駅付近

大阪線は、中村川を渡り、間もなく伊勢中川駅に着く。この駅付近からしばらくは、南西側の国鉄名松線と並んで走ることになる。名松線の最寄り（連絡）駅は、開業時にこの線の終着駅だった権現前駅だが、距離が離れており乗り換えには適さない。地図の北東（右上）には、雲出川と大正橋が見える。
（昭和35年）

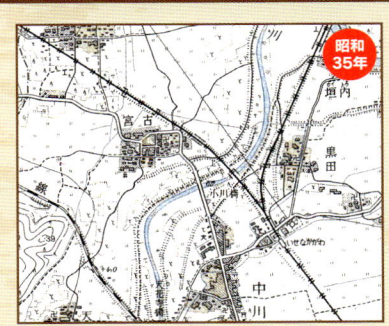

　この伊勢中川駅は、大阪線の終点であり、名古屋線、山田線と接続する重要な役割をもっている。開業は昭和5(1930)年5月。まず参急中川〜松阪間、参急中川〜久居間の開通時に、参急中川駅として誕生している。また、同年11月、佐田（現・榊原温泉口）〜参急中川間が開業し、大阪方面ともつながった。昭和16年3月、「伊勢中川」の現駅名に改称している。

　現在は、松阪市内にある伊勢中川駅だが、開業当時は中川村に存在した。その後、中川村は昭和30(1955)年3月に、中郷村などと合併して嬉野町となった。この嬉野町は、平成17(2005)年1月に合併により、松阪市の一部となっている。

　伊勢中川駅は、島式、単式ホームを組み合わせた5面6線を有している。地上駅であり、改札口、コンコースなどは地下に設けられている。この駅では当初、スイッチバックが行われていたが、現在は構内西側に「中川短絡線」と呼ばれる、名古屋線・大阪線間を短絡する路線が設けられ、その不便が解消された。昭和36年3月から使用が開始され、名阪間のノンストップ特急などが利用していた。

　平成24年1月には、中村川に架かる橋梁の架け替え工事が完成し、「新中川短絡線」が使用されている。

伊勢志摩特急が疾走する観光路線の山田線、鳥羽線、志摩線

　三重県南部の伊勢湾に沿うように山田線、鳥羽線、志摩線の3路線が走っている。3線をまとめて伊勢志摩、山田線以外の2線をまとめて賢島線と呼ぶことがあり、直通列車も運行されているが、近鉄はそれぞれを独立した路線であるとしている。大阪・京都・名古屋方面から伊勢志摩方面へ向けて、直通の特急列車が頻繁に走っている。

　山田線は松阪市の伊勢中川と伊勢市の宇治山田を結ぶ全線複線の路線総延長28.3kmで、普通、快速急行・急行、特急を運行している。駅の数は起終点駅を含む14駅で、快速急行・急行と特急は伊勢中川、松阪、伊勢市、宇治山田に停車する。

　同線は昭和5（1930）年、参宮急行電鉄によって参急中川（現・伊勢中川）〜山田（現・伊勢市）間を開業させた。この年、現在の大阪線が全通したことによって、上本町（現・大阪上本町）〜山田間の直通運転が始まっている。翌6年には山田〜宇治山田間が開業し、山田線が全通した。また、昭和34（1959）年には近鉄名古屋〜宇治山田間の直通運転を開始した。

　現在、特急は終日運行されており、日中は1時間ごとに、大阪難波・大阪上本町発着の「阪伊乙特急」が各1本、近鉄名古屋発着の「名伊乙特急」が2本、一部の時間帯では京都発着の「京伊特急」が1本運転されている。阪伊乙特急の大半は宇治山田折り返しで、名伊乙特急は宇治山田行き、鳥羽線五十鈴川発で運転しており、ラッシュ時には松阪・宇治山田・鳥羽・賢島発着の乙特急や京伊特急を運転している。

　快速急行・急行も終日運行されている。日中は大阪上本町と近鉄名古屋発着の列車が約30分間隔で鳥羽線五十鈴川まで運転されており、伊勢中川〜松阪間は近鉄名古屋発着の急行2本が加わる。急行系列車は6両編成を基本としており、ほとんどが長距離を走行するため、トイレつきの車輌が使用されている。また、普通列車の多くが伊勢中川〜志摩線賢島間の運転で、一部を除いて2両編成のワンマン運転となっている。

　鳥羽線は伊勢市の宇治山田を起点とし、鳥羽市の鳥羽を終点とする路線総延長13.2kmの複線路線で、起終点駅を含む5駅で構成されている。中間駅は五十鈴川、朝熊、池の浦。昭和40（1965）年に近鉄の傘下に入った志摩線と、従来からある山田線をつなぐ路線として建設され、同45（1970）年に全通させた。当初は単線だったが、開業から5年後に複線化された。

　山田線と志摩線をつなぐ路線であることから、伊勢中川〜賢島間は一体の路線として運用されている。そのため、大阪・京都・名古屋方面からの特急が多数通る。また、大阪方面からの快速急行、大阪・名古屋方面からの急行が五十鈴川まで直通している（朝夕は鳥羽まで直通）。ただし、日中は快速急行が運転されず、五十鈴川以南は特急と普通列車のみの運行となる。普通列車の多くは伊勢中川〜賢島間の運転で、ほぼ30分間隔で運行されている。一部を除いて2両編成のワンマン運転を実施している。

　志摩線は鳥羽〜賢島間の路線総延長24.5kmを、起終点駅を含む16駅で結んでいる。中間駅は鳥羽側から、中之郷、志摩赤崎、船津、加茂、松尾、白木、五知、沓掛、上之郷、志摩磯部、穴川、志摩横山、鵜方、志摩神明の各駅。特急と普通列車が運行しており、日中は大阪・名古屋発着の特急が1時間に各1本運転している。普通は2両編成の運賃車内収受式ワンマン運転で、1時間に2本が運転されている。ほとんどの駅が無人で、有人駅は鳥羽、志摩磯部、鵜方、賢島の4駅だけとなっている。

　この路線の開業は、昭和4（1929）年に志摩電気鉄道によって、鳥羽〜賢島〜真珠港間でなされた。その後、志摩電気鉄道ほか6社が合併して三重交通となり、同39（1964）年に同社の鉄道事業を三重電気鉄道に譲渡している。これを同40（1965）年に近鉄が合併して、志摩線となった。同44（1969）年には賢島〜真珠港間を廃止し、鳥羽〜賢島間の貨物営業も廃止した。さらに、同45（1970）年には標準軌化と架線電圧の昇圧が完成し、鳥羽線との直通運転が可能になり、現在の運行体制となった。

山田線、櫛田駅　現在は駅舎が地下化された。

山田線、漕代駅　参宮街道に沿い、松阪市と明和町の境界近くに立地。

山田線、明星駅　伊勢志摩3線の整備基地である明星車庫が隣接する。

第2部
南大阪線
長野線

　南大阪線は近鉄の前身のひとつ、大阪鉄道から発展したため、大軌を前身とする大阪線とは競合する路線となってきた。起点は大阪市阿倍野区の大阪阿部野橋駅であり、終点は奈良県橿原市の橿原神宮前駅。この橿原神宮前駅では橿原線、吉野線と接続している。

　この路線最大の特徴は、大阪線などと異なり狭軌を採用していることである。営業距離は39.7キロメートル。駅の数は起終点を含めて28駅で、大阪線の約半数である。距離は短いものの、吉野・橿原神宮前駅に向かう特急が運行されている。

南海平野線を跨ぐ高架橋付近の6513号ほか。

Ōsaka-Abenobashi St.
大阪阿部野橋
（おおさかあべのばし）

大正12年、大阪鉄道始発駅がスタート
JR・地下鉄に天王寺駅、上町線の駅も

【大阪阿部野橋駅】

開業年	大正12（1923）年4月13日
所在地	大阪市阿倍野区阿倍野筋1－1
キロ程	0.0km（大阪阿部野橋起点）
駅構造	地上駅／6面5線
乗降客	159,075人

昭和40年

撮影：今井啓輔

現在
▲大阪阿部野橋駅
阿部野橋ターミナルビル新館。写真には写っていないが右手奥にあべのハルカスタワー館がそびえる。

▲大阪阿部野橋駅
昭和40年に営業運転を開始した16000系。狭軌の南大阪線、吉野線用の特急用車両として登場した。

◀大阪阿部野橋駅ホーム
6面5線の堂々たるターミナル駅。地下化されるターミナル駅が多いなか、当駅は地上駅である。

現在

◀あべのハルカス
天王寺公園から見た「あべのハルカス」。

現在

　この大阪阿部野橋駅は、近鉄南大阪線の前身である大阪鉄道の大阪天王寺〜布忍間の開通時の大正12（1923）年4月に始発駅として開業した。その1年後の大正13年には、大阪阿部野橋駅へと駅名を改称している。このとき既に、南海（現・阪堺電気軌道）の上町線に阿倍野駅が存在していたからである。なお、駅のある地名は阿倍野区阿倍野筋1丁目で、駅以外には「阿倍野」が使用されることがほとんどである。

　昭和12（1937）年11月には、阿部野橋ターミナルビルが開業したが、このビルは太平洋戦争時の大阪大空襲で、2階以上を焼失している。

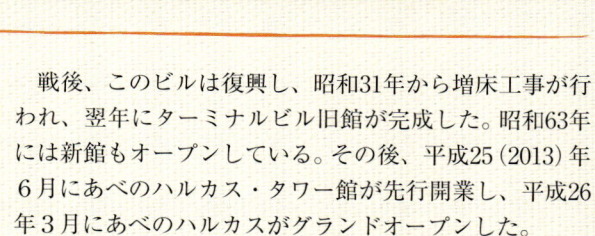

　戦後、このビルは復興し、昭和31年から増床工事が行われ、翌年にターミナルビル旧館が完成した。昭和63年には新館もオープンしている。その後、平成25（2013）年6月にあべのハルカス・タワー館が先行開業し、平成26年3月にあべのハルカスがグランドオープンした。

　この駅は櫛形6面5線のホームをもつ地上駅で、改札口は頭端部の西口改札のほか、地下部分にも2ヵ所の改札口が設けられている。こうした改札口を通して、JR天王寺駅や大阪市営地下鉄の阿倍野・天王寺駅、上町線天王寺駅前駅との連絡が可能となっている。

南大阪線

昭和30年頃

◀阿倍野橋の風景
今も昔も変わらない阿倍野橋。駅名は「阿部野橋」と表記する。

所蔵：フォト・パブリッシング

昭和30年

撮影：山本雅生

▲大阪阿部野橋駅
大阪阿部野橋駅を走る大阪阿部野橋～河内天美間の区間電車。車両は前面5枚窓のモ5621形。

昭和33年

撮影：西尾源太郎

▲大阪阿部野橋駅の6800系
6800系は、南大阪線初の高性能通勤車で、日本初の高加減速車両。昭和32年に登場し、ラビットカーのニックネームがある。

古地図探訪
大阪阿部野橋駅付近

昭和7年

　玉造筋の天王寺駅前交差点の南東には、国鉄の駅と阪和電気鉄道（現・JR阪和線）の駅が存在し、さらに国鉄線の線路を挟んだ南側に大阪電気軌道（現・近鉄）の阿部野橋駅があった。現在は、この駅前にあびこ筋の近鉄前交差点がある。玉造筋には市電が走り、あびこ筋を南に延びる上町線の路線も見える。この阪和電気鉄道は南海に吸収された後、昭和19（1944）年に国有化されている。

　戦後は、国鉄の駅ビルが誕生、現在は「天王寺MIO」となっている。また、近鉄の阿部野橋駅には平成26年、「あべのハルカス」が完成した。天王寺駅・阿部野橋駅の北西にあたる、茶臼山町方面には天王寺公園が広がり、美術館、博物館、河底池などが見える。

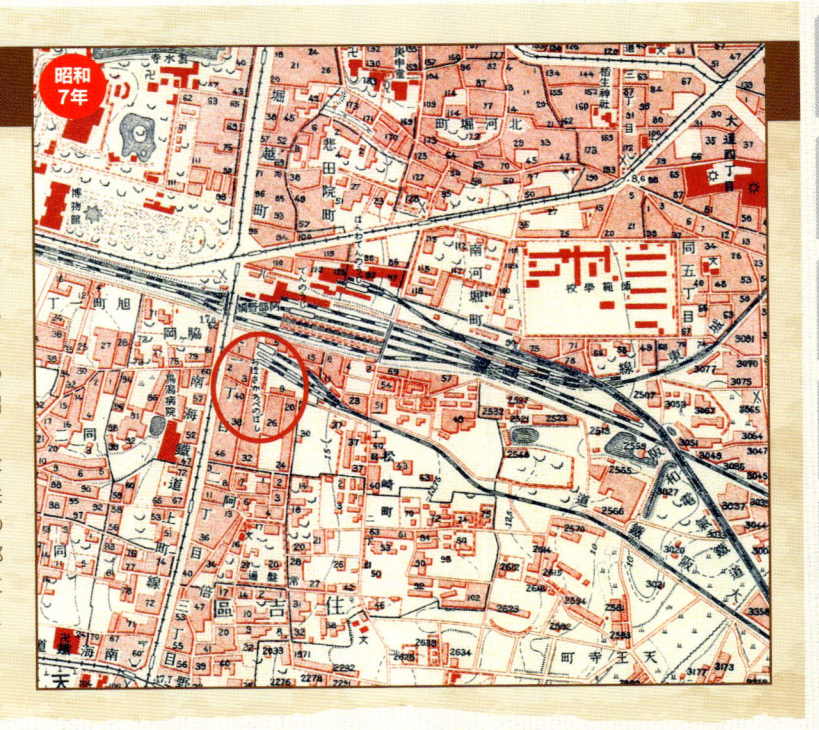

大阪市阿倍野区 / 大阪市東住吉区 / 松原市 / 羽曳野市 / 藤井寺市 / 香芝市 / 葛城市 / 大和高田市 / 橿原市 / 八尾市 / 柏原市 / 富田林市 / 河内長野市 / 御所市

53

昭和4年頃

◀ **大阪阿部野橋駅**
大正13年に駅名を大阪天王寺駅から大阪阿部野橋駅に改称。上本町駅(現・大阪上本町駅)とは異なり、早々から駅名に大阪が付いていた。

提供:近畿日本鉄道

昭和13年頃

▶ **阿部野橋ターミナルビル**
昭和12年にターミナルビルが開業。当時は大阪鉄道の時代で、百貨店は大鉄百貨店だった。

提供:近畿日本鉄道

昭和28年

◀ **国鉄天王寺駅**
近鉄の大阪阿部野橋駅と至近距離にあり、大阪阿部野橋駅も元は大阪天王寺という駅名で開業した。写真は旧駅舎時代で、昭和37年に民衆駅と呼ばれる天王寺駅ビルが完成する。

所蔵:フォト・パブリッシング

近鉄百貨店阿倍野店からの眺め

近鉄百貨店阿倍野店の屋上遊園と遠望。奥に見えるのは通天閣。

昭和30年

撮影：中西進一郎

大阪阿部野橋駅

近鉄百貨店阿倍野店から見た大阪阿部野橋駅の様子。

昭和30年

撮影：中西進一郎

大阪市阿倍野区　大阪市東住吉区　松原市　羽曳野市　藤井寺市　香芝市　葛城市　大和高田市　橿原市　八尾市　柏原市　富田林市　河内長野市　御所市

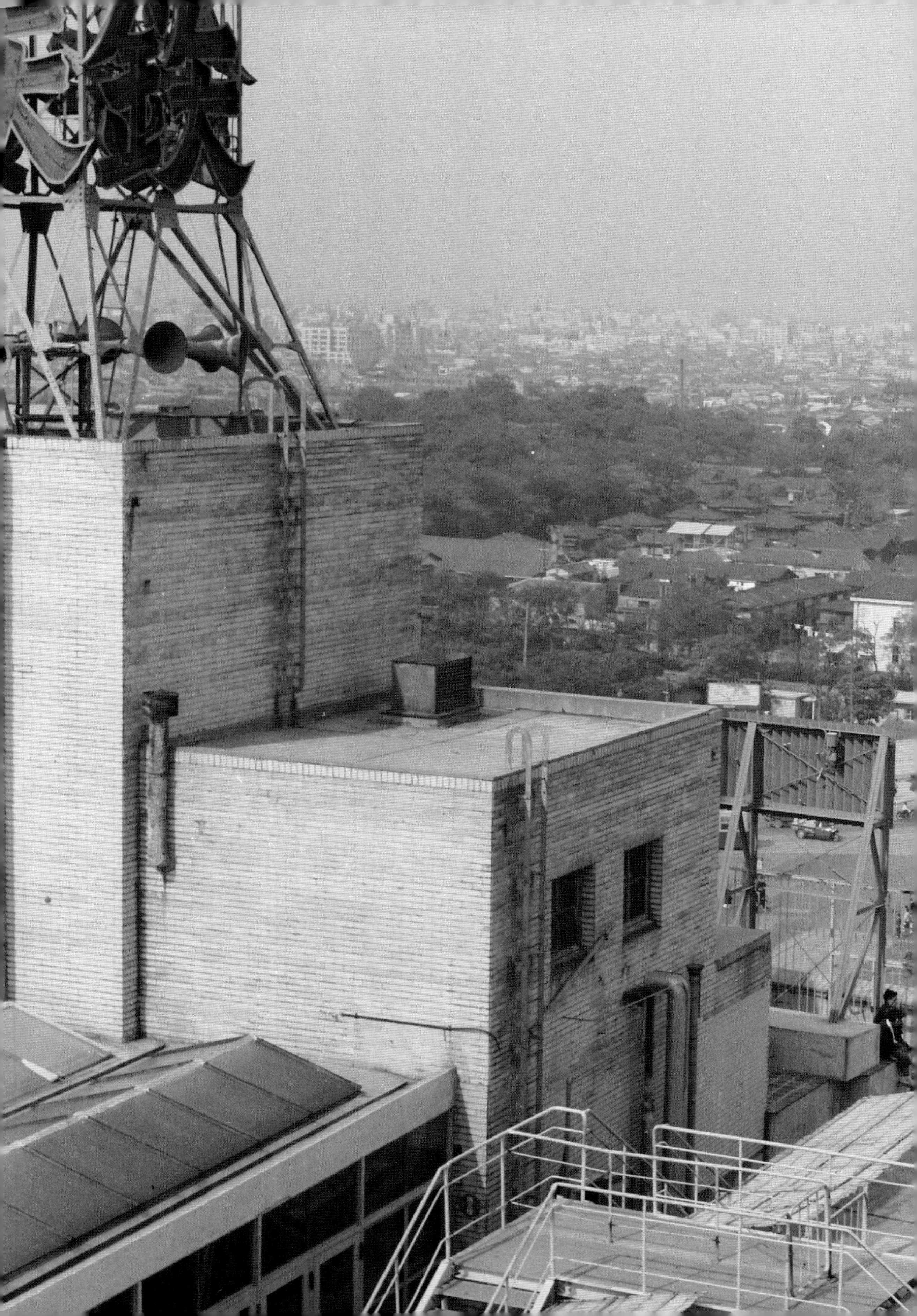

昭和30年

天王寺・阿倍野の風景

近鉄百貨店の屋上から見た天王寺、阿倍野の風景。
写真左上が天王寺公園、右下が国鉄天王寺駅。

撮影：中西進一郎

Koboreguchi St. / Kita-Tanabe St. / Imagawa .St
河堀口、北田辺、今川

大正12年に河堀口、北田辺駅が開業
開業時は「駒川」、昭和8年に「今川」

【河堀口駅】

開業年	大正12(1923)年10月16日
所在地	大阪市阿倍野区天王寺町南2-24-1
キロ程	1.0km（大阪阿部野橋起点）
駅構造	高架駅／2面2線
乗降客	2,897人

【北田辺駅】

開業年	大正12(1923)年12月28日
所在地	大阪市東住吉区北田辺4-16-29
キロ程	2.1km（大阪阿部野橋起点）
駅構造	高架駅／2面2線
乗降客	5,162人

【今川駅】

開業年	昭和6(1931)年6月1日
所在地	大阪市東住吉区駒川3-4-55
キロ程	2.7km（大阪阿部野橋起点）
駅構造	高架駅／2面4線
乗降客	4,110人

昭和32年
撮影：亀井一男

▲河堀口駅とモ6601形
モ6601形は、大阪鉄道時代に製造された電車で、日本の電車で初めて20メートル級車体を採用した。先頭車に子どもがいっぱい乗っていて微笑ましい。

現在

◀河堀口駅
駅西側で阪和線の高架を越えるため、改札口が3階、プラットホームが4階にある。

昭和42年
提供：近畿日本鉄道

▲北田辺駅
地上時代の当駅。昭和62年に高架駅となる。

　河堀口駅は大阪鉄道開通から半年後の大正12(1923)年10月に開業した。また、次の北田辺駅の開業は、その2ヵ月後の12月で、この年に新駅が次々と誕生したことになる。また、今川駅の開業は昭和6(1931)年6月で、大阪阿部野橋駅と針中野駅との間に、短期間で3つの駅が開業したことになる。
　河堀口駅は、JR阪和線の線路と近い位置に置かれている。同線で最も至近距離にあるのは、美章園駅である。「河堀口」の駅名は、もともとは「古保礼」と呼ばれていたこの付近で、治水工事が行われ、「河堀」という地名があてられたからという。駅付近には、四天王寺七宮のひとつ、河堀稲生神社がある。現在の駅は、相対式ホーム2面2線の高架駅である。
　阿倍野区から東住吉区に入った最初の駅が北田辺駅であり、この駅も相対式ホーム2面2線の高架駅となっている。駅名の由来は、古くからこの付近に北田辺村が存在したことによる。北田辺村は、明治22(1889)年4月に合併により田辺村となり、田辺町をへて、大正14(1925)年4月に大阪市に編入され、住吉区の一部となっている。
　今川駅は、相対式2面2線のホームを有する高架駅で、複数の通過線をもつ。開業時の駅名は「駒川」で、昭和8年4月に現駅名に改称した。「今川」の駅名は、付近を流れる平野川の支流、今川に由来している。

南大阪線

平成20年

↑今川駅の6407系
6407系6410を先頭に走る準急河内長野行き。

現在

↑河堀口駅のホーム
半径約500mのカーブがあり、プラットホームもカーブしている。

現在

↑北田辺駅
閑静な住宅地に現れる高架駅。昭和62年に高架化。

現在

↑今川駅
駅西側に阪神高速14号松原線があり、その側道はかつての南海平野線の跡である。

現在

↑今川駅のホーム
複線の通過線をはさむ相対式ホーム2面2線。いわゆる、新幹線型と呼ばれる構造。

撮影：岩堀春夫

🚶 古地図探訪　北田辺駅、今川駅付近

　北側を関西線、西に阪和電鉄線（現・JR阪和線）が走り、その間を大阪鉄道（現・近鉄南大阪線）が進んでゆく。この当時（昭和7年）、沿線はまだ、ほとんど宅地化されておらず、河堀口駅、北田辺駅の周辺にも田畑が広がっていた。河堀口駅の南西には、大正8（1919）年に大阪府立天王寺中学校（現・天王寺高校）が移転してきたが、この地図外にある。

　北田辺駅の南西に見える「卍」の地図記号は、黄檗宗の豊運寺である。明治23（1890）年に静岡県から大阪市に移転し、その後に現在地へ移り、現在の名称になっている。地図の南側には、昭和55（1980）年に廃止された南海平野線があり、田辺停留場も見える。昭和6年に開業した今川（当時は駒川）駅は、この地図上では表示が見えない。

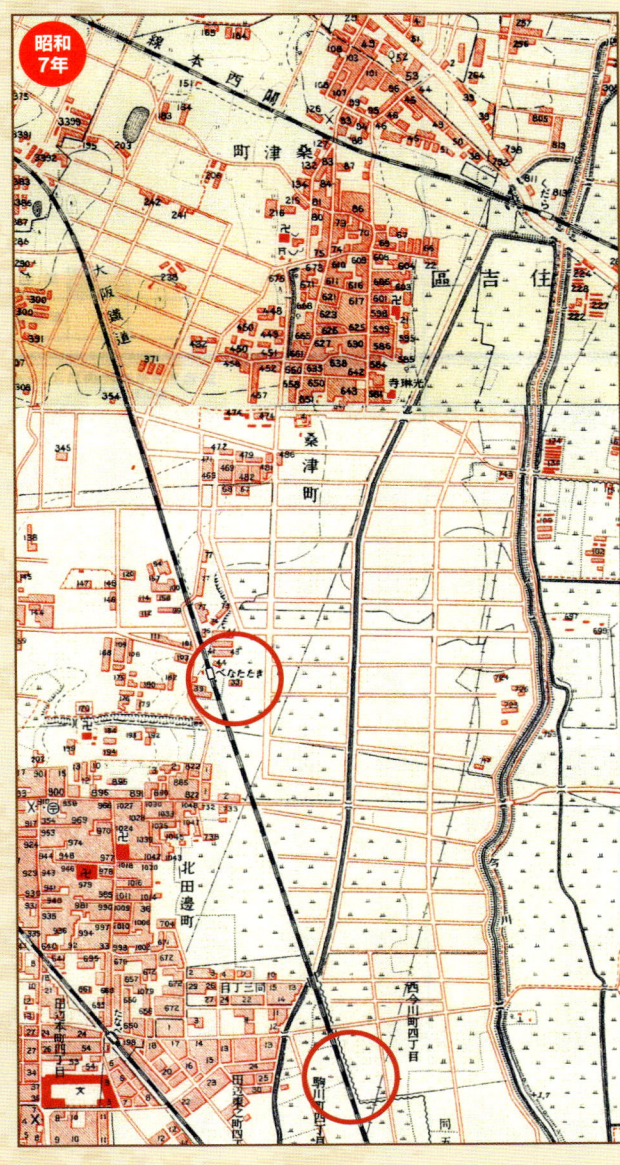

昭和7年

大阪市阿倍野区／大阪市東住吉区／松原市／羽曳野市／藤井寺市／香芝市／葛城市／大和高田市／橿原市／八尾市／柏原市／富田林市／河内長野市／御所市

59

Harinakano St. / Yata St.

針中野、矢田
（はりなかの）（やた）

弘法大師ゆかりの鍼灸師から「針中野」
矢田駅の周辺には多数の大学、高校あり

【針中野駅】
開業年	大正12（1923）年4月13日
所在地	大阪市東住吉区駒川5-24-8
キロ程	3.8km（大阪阿部野橋起点）
駅構造	高架駅／2面2線
乗降客	9,373人

【矢田駅】
開業年	大正12（1923）年4月13日
所在地	大阪市東住吉区矢田2丁目
キロ程	5.1km（大阪阿部野橋起点）
駅構造	高架駅／2面2線
乗降客	8,755人

○針中野駅（昭和40年代後半）
地上にプラットホームがあった時代。高架化は昭和51年。
提供：近畿日本鉄道

○針中野駅（現在）
針中野駅を通過する急行。車両は6020系の6051編成でラビットカー塗装。

○矢田駅（昭和32年）
大阪阿部野橋〜矢田間の区間運転列車。
撮影：野口昭雄

○針中野駅（現在）
高架化は昭和51年。駅は東住吉区の中心あたりにある。

○針中野駅（昭和30年）
手荷物室を備えた5162が停車。当時はこんな古典的電車も走っていた。
所蔵：フォト・パブリッシング

　弘法大師ゆかりの鍼灸師の末裔である中野家の41代当主が、この南大阪線の前身である大阪鉄道の開通に尽力したことで、中野家の最寄り駅が「針中野駅」となった。この駅の開業は、大正12（1923）年4月、当初は地上駅であったが、昭和51（1976）年2月に高架駅となった。ホームは相対式2面2線の構造である。今川駅との距離は1.1kmで、同じ東住吉区駒川の5丁目と3丁目に存在している。

　このあたりの南大阪線は、東住吉区内を南へほぼ真っ直ぐ進んでゆく。東西に通る長居公園通を越えた先に、矢田駅が置かれている。この矢田駅の周辺には、大阪芸術大学短大部、大阪総合保育大学、大阪城南女子短大、城南学園高校など多くの大学や短大、高校などが存在することでも知られている。また、駅の北西には、ヤンマースタジアム長居などがある長居公園が広がる。

　矢田駅の開業は、針中野駅と同じ大正12年4月である。現在の駅は相対式ホーム2面2線の高架駅である。「矢田」の駅名は、このあたりが矢田村であったことに由来する。明治22（1889）年4月、住道村、矢田部村などが合併して矢田村が成立。昭和30年4月に大阪市に編入されて、東住吉区の一部となった。なお、同じ駅名の矢田駅が、名古屋鉄道瀬戸線にも存在する。

大阪市阿倍野区 大阪市東住吉区 松原市 羽曳野市 藤井寺市 香芝市 葛城市 大和高田市 橿原市 八尾市 柏原市 富田林市 河内長野市 御所市

現在

🔶 矢田駅付近の空撮
北東から見た矢田駅付近。写真上は大和川。

昭和32年

所蔵：フォト・パブリッシング

🔶 矢田駅
現在は高架化ですっかり様子が変わっている。丹頂鶴のように、頭が赤いことから、丹頂形として知られた電話ボックスが懐かしい。

🚶 古地図探訪　針中野駅、矢田駅付近

昭和7年

　地図の中央をほぼ南北に大阪鉄道（現・近鉄南大阪線）が通り、針中野駅と矢田駅が置かれている。現在は、この鉄道線の東側に今里筋、西側に府道26号が通っているが、この当時はまだ整備されていなかった。針中野駅の東側には、中野町の集落があり、その北側を南海平野線が東西に走っている。この中野町の最寄り駅としては、中野駅があった。
　一方、矢田駅の東側には矢田村、西側には「矢田部」の地名が見える。この矢田村は、明治22（1889）年に矢田部村、住道村、枯木村、富田新田の区域で成立、昭和30（1955）年に大阪市に編入されるまで存在した。

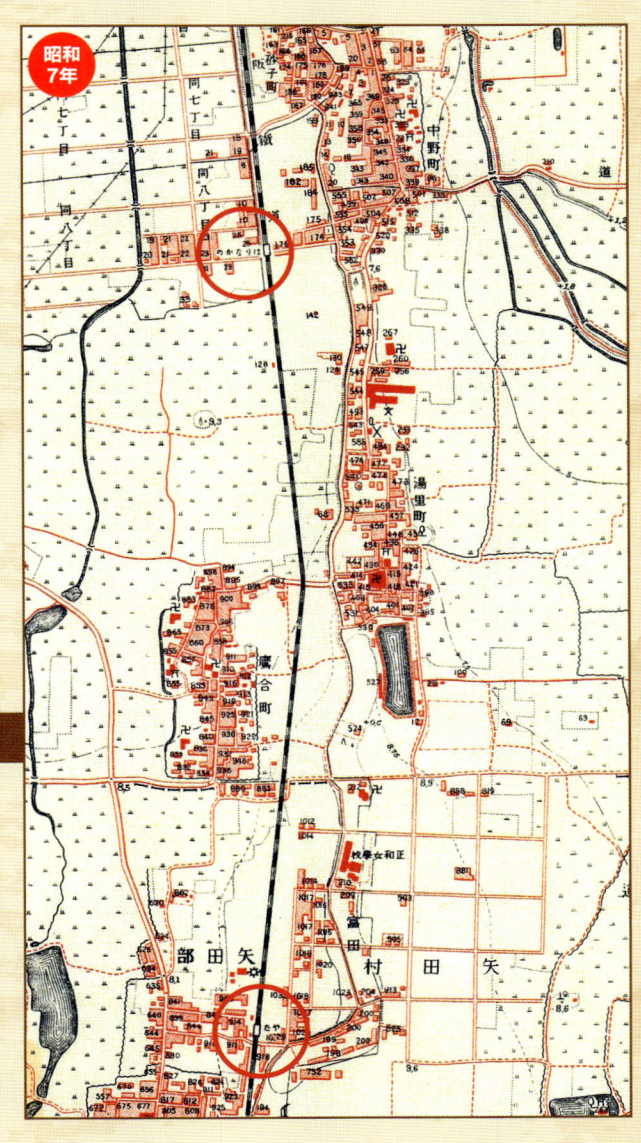

61

Kawachi-Amami St. / Nunose St. / Takaminosato St.
河内天美、布忍、高見ノ里

「天美車庫前」で開業、昭和8年に改称
難読の布忍駅、地名は「高見の里」

【河内天美駅】

開業年	大正12(1923)年4月13日
所在地	大阪府松原市天美南3-15-41
キロ程	7.3km（大阪阿部野橋起点）
駅構造	地上駅(地下駅舎)／2面4線
乗降客	16,081人

【布忍駅】

開業年	大正11(1922)年4月18日
所在地	大阪府松原市北新町1-2-1
キロ程	8.3km（大阪阿部野橋起点）
駅構造	地上駅／2面2線
乗降客	5,197人

【高見ノ里駅】

開業年	昭和7(1932)年9月1日
所在地	大阪府松原市高見の里3-1-1
キロ程	9.1km（大阪阿部野橋起点）
駅構造	地上駅／2面2線
乗降客	5,773人

昭和53年

提供：近畿日本鉄道

▲布忍駅
2番ホームの古市方に駅舎のある当駅。写真は旧駅舎時代。

現在

▶河内天美駅
踏切横の駅出入口。駅の通路は地下化されている。

現在

▲河内天美駅
踏切を通過する6600系準急河内長野行。

　矢田駅を出た南大阪線は、しばらくすると大和川を渡り、大阪市東住吉区から松原市内に入る。進行方向左手には、阪南大学のキャンパスが見えるが、それを過ぎると「阪南大学前」の副駅名をもつ河内天美駅に到着する。
　この河内天美駅の南東には、古市検車区天美車庫があり、南大阪線の始発・最終電車は、河内天美駅から発着する。また、かつては当駅発の始発・終着列車が多数存在していた。
　開業は大正12(1923)年4月で、当時の駅名は「天美車庫前」であった。昭和8(1933)年4月に現在の駅名となっている。相対式ホーム2面2線の地上駅で、複数の通過線をもつ。

　次の布忍駅は、大正11年4月、大阪鉄道の布忍～道明寺間の開業時には、終着駅であった。その後、12年4月に大阪天王寺(現・大阪阿部野橋)駅まで延伸し、中間駅となっている。相対式ホーム2面2線の地上駅で、河内天美駅とともに普通のみが停車する。
　松原市内をほぼ南東方向に進んできた南大阪線は、布忍駅を過ぎると東に向きを変え、高見ノ里駅に至る。この駅は、昭和7年9月の開業で、この区間の開通当初は存在しなかった駅である。駅の構造は相対式ホーム2面2線の地上駅で、普通のみが停車する。なお、駅名は「高見ノ里」だが、駅付近の地名は「高見の里」となっている。

現在

布忍駅
ホーム間は地下道で連絡。車両は6020系。

昭和55年

高見ノ里駅
現在も同じ駅舎が残る。駅舎は2番ホーム側。1番ホームへは地下道を利用。

提供：近畿日本鉄道

現在

布忍駅
2番ホーム側の古市寄りに駅舎がある。

現在

高見ノ里駅
プラットホームの高さに合わせた駅舎で階段がある。

現在

高見ノ里駅
下りホームを通過する22600系エース。

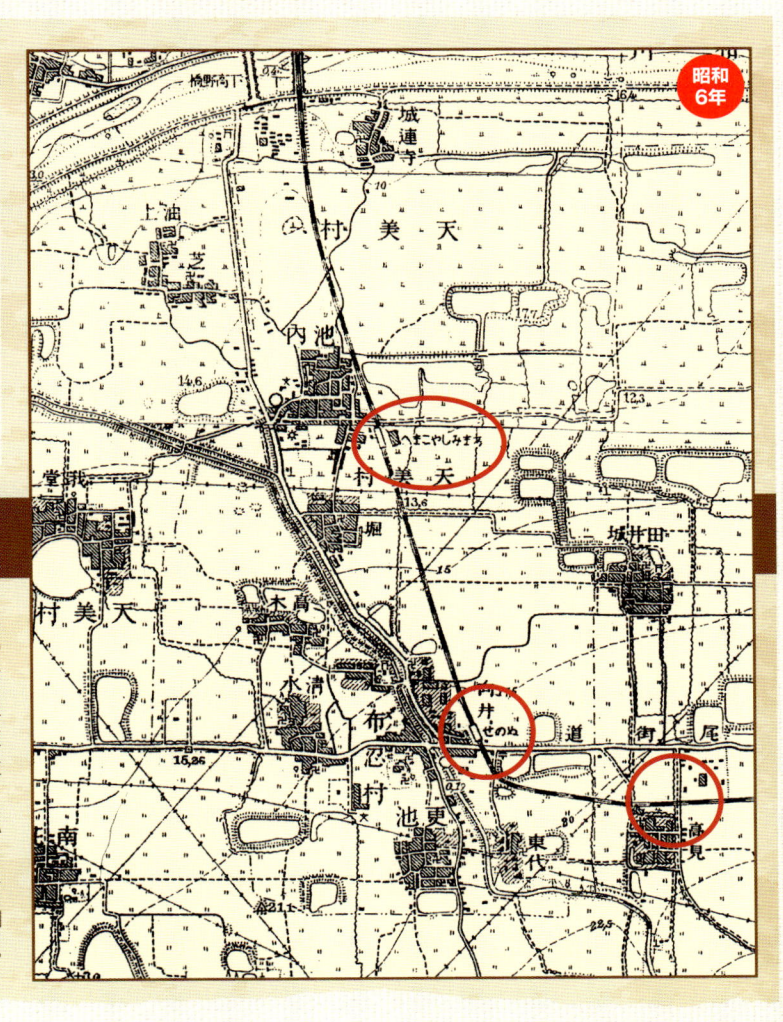

古地図探訪
河内天美駅、布忍駅、高見ノ里駅付近

北側には天美村、南側には布忍村が存在していた頃の地図である。それぞれの村の玄関口が天美車庫前（現・河内天美）駅と布忍駅で、昭和7（1932）年開業の高見ノ里駅は記載されていない。天美車庫前駅の東側には、大阪電気鉄道（現・近鉄）の天美車庫（現・古市検車区天美車庫）があった。

布忍駅の南側には、八尾街道が走っている。現在は、南大阪線の南側に大阪府道・奈良県道12号堺大和高田線が整備されている。地図の西側には、西除（にしよけ）川が斜めに流れており、大和川に注いでいる。

昭和6年

大阪市阿倍野区　大阪市東住吉区　松原市　羽曳野市　藤井寺市　香芝市　葛城市　大和高田市　橿原市　八尾市　柏原市　富田林市　河内長野市　御所市

63

Kawachi-Matsubara St. / Eganoshō St. / Takawashi St.
河内松原、恵我ノ荘、高鷲

「河内松原」は、松原市役所の最寄り駅
次の羽曳野市に恵我ノ荘、高鷲駅が存在

【河内松原駅】
開業年	大正11(1922)年4月18日
所在地	大阪府松原市上田3-5-1
キロ程	10.0km（大阪阿部野橋起点）
駅構造	地上駅　橋上駅／2面4線
乗降客	29,186人

【恵我ノ荘駅】
開業年	大正13(1924)年6月1日
所在地	大阪府羽曳野市南恵我之荘8-1-23
キロ程	11.6km（大阪阿部野橋起点）
駅構造	地上駅／2面2線
乗降客	客　　10,905人

【高鷲駅】
開業年	大正11(1922)年4月18日
所在地	大阪府羽曳野市高鷲1-1-12
キロ程	12.6km（大阪阿部野橋起点）
駅構造	地上駅／2面2線
乗降客	6,538人

昭和59年
提供：近畿日本鉄道

▲河内松原駅
橋上駅舎化前の駅。当時は南北に駅舎があり、構内踏切で結ばれていた。

▲恵我ノ荘駅
駅の改札口は上下線で別にあり、古市寄りに設けられている。

▲高鷲駅
改札口は地下で、写真は南側の出入口。

▲河内松原駅
松原市の代表駅。橋上駅舎化は平成5年。

　河内松原駅は、人口約12万人を有する松原市の中心駅である。松原市の市役所は、高見ノ里駅寄りの北西にあり、両駅が最寄り駅となっている。この松原市は、映画「河内のオッサンの唄」の主人公が住んでいた街で、その舞台となった。

　駅の開業は大正11(1922)年4月で、当時は大阪鉄道の駅であった。駅の構造は島式2面4線のホームをもち、平成5(1993)年に橋上駅舎となった。急行、区間急行は通過し、準急、普通が停車する。

　次の恵我ノ荘駅からは、羽曳野市内の駅となる。羽曳野市は、昭和31(1956)年9月に誕生した南大阪町が昭和34年に市制を施行し、羽曳野市となった。「羽曳野」の地名の由来は、「羽を曳く野」という意味で、亡くなった日本武尊が白鳥となり、この地に飛来したという伝説による。市内古市1丁目には白鳥神社がある。

　恵我ノ荘駅は、大正13年6月、大阪鉄道の駅としての開業。駅の構造は、相対式ホーム2面2線をもつ地上駅である。「恵我ノ荘」の駅名は、古代、中世の荘園「会賀荘」からきたとされている。なお、駅名は「恵我ノ荘」だが、地名は「恵我之荘」である。

　高鷲駅は、大正11年4月の開業である。相対式ホーム2面2線を有し、ホームは地上、改札口とコンコースは地下に置かれている。恵我ノ荘駅とともに、普通のみが停車する。

古地図探訪

河内松原駅、恵我ノ荘駅、高鷲駅付近

布忍駅付近で東方向に向きを変えた大阪鉄道本線（現・近鉄南大阪線）は、河内松原駅を越えると南寄りに少し進路を変えて、次の恵我ノ荘駅を通過。再び、高鷲駅付近では東に進むことになる。河内松原駅の北側には、「阿保（あお）」「阿保茶屋」の地名が見える。この地名は、平城天皇の皇子、阿保（あぼ）親王（在原業平の父）がここに住んだことに由来する。かつては親王が造ったため池「親王池」が存在し、現在は阿保神社が残っている。また、この地図を見れば、沿線には多くのため池が存在することがわかる。現在は、河内松原駅と恵我ノ荘駅の中間付近をほぼ南北に貫く形で、中央環状線が通っている。

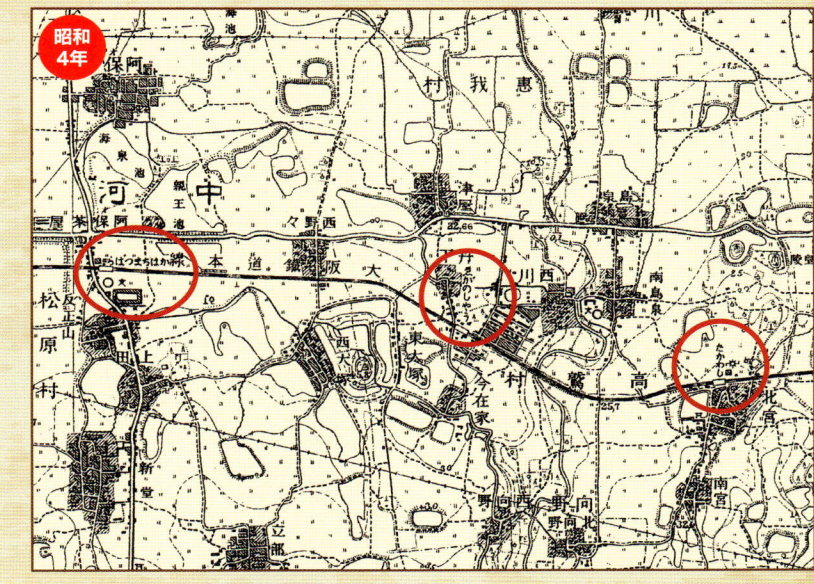

昭和4年

▲恵我ノ荘駅
昭和56年
改札口は上下線で別。この構造は現在も同じ。

▲高鷲駅
昭和43年
地上に改札口があった頃の懐かしい光景。
提供：近畿日本鉄道

▶松原市のハイヒール木型製造
昭和30年頃
松原市では、ハイヒールの木型の製造が盛んに行われていた。

◀松原市の織布
昭和30年頃
松原市は、織布の生産地としても知られた。
所蔵：フォト・パブリッシング

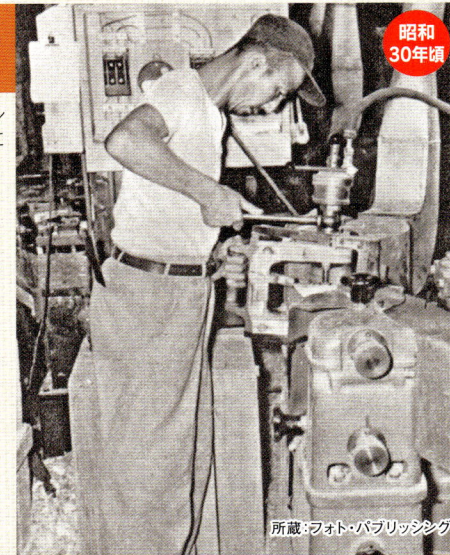

南大阪線

大阪市阿倍野区／大阪市東住吉区／松原市／羽曳野市／藤井寺市／香芝市／葛城市／大和高田市／橿原市／八尾市／柏原市／富田林市／河内長野市／御所市

Fujiidera St.

藤井寺(ふじいでら)

バファローズ本拠地だった「藤井寺」
駅名の由来は、フジの花の名所・葛井寺

【藤井寺駅】

開業年	大正11(1922)年4月18日
所在地	大阪府藤井寺市岡2-7-18
キロ程	13.7km（大阪阿部野橋起点）
駅構造	地上駅 橋上駅／2面4線
乗降客	36,917人

昭和36年

提供：産経新聞社

▲藤井寺駅前
南北に駅舎があり、構内は地下通路で連絡していた。駅前に停まるバスや車が時代を物語る。

現在

▲藤井寺駅
昭和49年に橋上駅舎化。近鉄藤井寺球場の最寄駅だったが、球場は平成18年に解体された。

▽仲津山古墳
藤井寺市沢田にあり、仲ツ山古墳とも呼ぶ。前方後円墳で古市古墳群にある。

現在

◀藤井寺
藤井寺駅から徒歩約5分。本尊は千手観音で、西国三十三所の第五番札所である。

現在

　この藤井寺駅の手前から、南大阪線は藤井寺市内を走ることになる。藤井寺市は、かつては近鉄バファローズの本拠地、藤井寺球場があったことで知られていた。藤井寺球場は昭和3(1928)年に開場、平成17(2005)年に閉場した。その跡地は、四天王寺学園に売却され、小学校や中学校が生まれており、南側には大規模マンションが誕生している。また、藤井寺市には、日本有数の大型古墳が多い古市古墳群が存在する。

　藤井寺市の人口は、約6万5,000人である。市の面積は全国の中でもベスト10に入るほど小さく、人口密度が高いことでも有名である。昭和34(1959)年4月、藤井寺町と道明寺町が合併し、藤井寺道明寺町が誕生。美陵町と改称した後、昭和41年に市制を施行し、美陵市改め藤井寺市となった。

　藤井寺市の玄関口である藤井寺駅は、大正11(1922)年4月、大阪鉄道の布忍～道明寺間の開通時に開業した。現在は、島式ホーム2面4線をもつ橋上駅となっている。準急、普通が停車する。

　「藤井寺」の駅名、地名は、市内にある「葛井寺(ふじいでら)」といわれる。葛井寺は、真言宗御室派の寺院で、奈良時代に行基が創建。国宝の乾漆千手観音坐像で知られる。藤の花でも有名で、毎年4月には「藤まつり」が行われている。

平成11年

近鉄藤井寺球場

藤井寺球場は近鉄バファローズの本拠地だったが、大阪ドームの完成で準本拠地になり、平成11年に一軍公式戦最後の試合が行われた。

提供：産経新聞社

古地図探訪

藤井寺駅、土師ノ里駅、道明寺駅付近

昭和4年

　地図上の大阪鉄道には、藤井寺駅と土師ノ里駅の中間に「御陵前」駅が見える。この南側には、応神天皇陵（誉田御廟山古墳）が存在している。この駅は、大正13（1924）年に「御陵前」駅として開業。昭和8（1933）年に「応神御陵前」駅と駅名を改称し、昭和20年に休止された（昭和49年に廃止）。藤井寺駅の南側には、仲哀天皇陵（岡ミサンザイ古墳・恵我長野西陵）、野球場がある。この野球場は戦後、近鉄バファーローズの本拠地となる藤井寺球場である。また、土師ノ里駅の南北には、允恭天皇陵（市野山古墳・恵我長野北陵）、仲津姫皇后陵（仲津山古墳）が存在している。

Hajinosato St. / Dōmyōji St.
土師ノ里、道明寺
古代豪族・土師氏ゆかりの「土師ノ里」
「道明寺」は明治31年、河陽鉄道の駅

【土師ノ里駅】

開業年	大正13(1924)年6月1日
所在地	大阪府藤井寺市道明寺1-1-28
キロ程	15.6km(大阪阿部野橋起点)
駅構造	地上駅／2面2線
乗降客	6,962人

【道明寺駅】

開業年	明治31(1898)年3月24日
所在地	大阪府藤井寺市道明寺3-1-55
キロ程	16.3km(大阪阿部野橋起点)
駅構造	地上駅／2面3線
乗降客	7,071人

昭和40年

▲道明寺駅
旧駅舎は、社寺を思わせる趣のある建物だった。

昭和41年

▲道明寺駅
大柄なモ6601形が停車中。南大阪線と言えば、この車両を思い出す人も多い。

現在

◀土師ノ里駅
プラットホームは掘割の半地下に位置し、国道170号の旧道に面して橋上駅舎が建つ。

現在

◀道明寺駅
駅前に、大坂夏の陣、道明寺合戦の記念碑がある。

　土師ノ里駅は、大正13(1924)年6月の開業である。駅名の「土師ノ里」は地名ではなく、古代の有力な豪族だった土師氏に由来する。現在の駅は、平成20(2008)年10月に誕生した橋上駅舎で、相対式ホーム2面2線をもつ半地下の駅となっている。準急、普通が停車する。

　駅の北側には允恭天皇陵とされる前方後円墳(市野山古墳)、南西には同じく前方後円墳で、応神天皇の皇后だった仲姫命(仲津姫命)を埋葬したとされる仲津山古墳がある。

　道明寺駅は明治31(1898)年3月、河陽鉄道の駅として開業した、南大阪線の中で最も古い歴史をもつ駅である。河陽鉄道はこのとき、柏原～古市間が開通し、道明寺駅は唯一の途中駅だった。その後、河南鉄道を経て、大阪鉄道の路線となり、大正11年4月、道明寺～布忍間が開通した。道明寺線との分岐点であり、単式、島式の複合型2面3線のホームをもつ地上駅である。この駅には、南大阪線の準急、普通が停車、また、道明寺線はすべて普通である。

　この地には駅名、地名の由来となった2つの神社、寺院が存在する。1つは道明寺天満宮であり、もう1つは真言宗御室派の寺院、道明寺である。もともと、菅原道真の祖先にあたる土師氏の根拠地で、道明寺はその氏寺だった土師寺から道真没後に名称が改められた。また、平安時代、土師寺には道真の叔母にあたる覚寿尼公が住んでおり、明治維新の神仏分離で、道明寺天満宮が分かれ、道真と覚寿尼公が祀られている。

南大阪線

現在

◁柏原市のぶどう
柏原市はぶどう栽培が盛んなところ。写真は出荷風景。

昭和30年頃

◁柏原市の貝ボタン
婦人服などの貝ボタンの生産地としても知られた。

昭和30年頃

所蔵：フォト・パブリッシング

◁道明寺駅（道明寺線）
行止り式の道明寺線用のりばに停車する6432系ワンマン運転対応車。

所蔵：フォト・パブリッシング

大和川を渡る近鉄最古の路線の道明寺線

　近鉄南大阪線との接続駅である道明寺と、ＪＲ関西本線との接続駅である柏原を結ぶ支線だが、間を流れる大和川を渡ってショートカットできることから、通勤・通学の利用者は少なくない。単線の路線総延長2.2kmは近鉄（鋼索線を除く）でもっとも短く、行き違い施設のある駅がないため、終日1編成で普通列車のみの折り返し運転をしている。
　起終点の中間に柏原南口があり、近鉄大阪線の安堂と徒歩500ｍで乗り換えられる。また、柏原駅も大阪線の堅下と500ｍほどで隣接しており、こちらも徒歩での乗り換えが可能。両駅での乗り換え利用は定期乗車券なら1枚で済むが、普通乗車券は別々に購入しなくてはならない。
　今でこそ支線扱いの当線だが、近鉄の路線の中ではもっとも古い歴史を誇る。明治31（1898）年、河陽鉄道が柏原〜道明寺間を開業したのを嚆矢としている。大正12（1923）年に現在の南大阪線が開業したことによって支線の座に追いやられたのだった。

柏原駅（昭和41年）
柏原駅の近鉄道明寺線のりばと、前面5枚窓が特徴的な5621形。

撮影：荻原二郎

69

古市、駒ヶ谷、上ノ太子

Furuichi St. / Komagatani St. / Kaminotaishi .St

明治31年、河陽鉄道の終着駅「古市」「駒ヶ谷」「上ノ太子」沿線にブドウ畑

【古市駅】
開業年	明治31(1898)年3月24日
所在地	大阪府羽曳野市古一-1-22
キロ程	18.3km（大阪阿部野橋起点）
駅構造	地上駅　橋上駅／2面4線
乗降客	20,995人

【駒ヶ谷駅】
開業年	昭和4(1929)年3月29日
所在地	大阪府羽曳野市駒ヶ谷159-1
キロ程	20.0km（大阪阿部野橋起点）
駅構造	地上駅／2面2線
乗降客	1,605人

【上ノ太子駅】
開業年	昭和4(1929)年3月29日
所在地	大阪府羽曳野市飛鳥811
キロ程	22.0km（大阪阿部野橋起点）
駅構造	地上駅／2面2線
乗降客	4,632人

昭和39年

撮影：荻原二郎

▲古市駅
地上駅舎時代の同駅。日章旗が掲げられた祝日、駅が賑わっている。昭和44年に駅は北側へ移設され橋上駅舎化された。

▶古市駅
線路を挟んだ向うにも駅舎があった。左のバスは、近鉄八尾駅前行の路線バス。

現在

◀古市駅
長野線の分岐駅で、羽曳野市の代表駅。

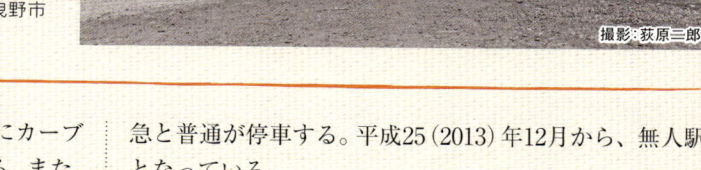

昭和39年

撮影：荻原二郎

　南大阪線は、藤井寺〜古市間で大きくU字形にカーブしているため、古市駅は再び羽曳野市の駅となる。また、この駅は羽曳野市役所の最寄り駅でもある。

　古市駅は明治31(1898)年3月、河陽鉄道の柏原〜古市間の開通時に終着駅として開業。4月には、現在の長野線が富田林駅まで延伸した。昭和4(1929)年3月、古市〜久米寺(現・橿原神宮前)間が開通した。現在の駅は島式ホーム2面4線を有する地上駅で、昭和44年から橋上駅舎が使用されている。一部の特急とともに急行、区間急行なども停車する。

　次の駒ヶ谷駅は、昭和4年3月の開業である。現在の駅は相対式2面2線の地上駅で、急行などは通過し、準急と普通が停車する。平成25(2013)年12月から、無人駅となっている。

　この駒ヶ谷駅から上ノ太子駅にかけては、沿線の山の斜面にブドウ畑が広がっている。次の「上ノ太子」駅は、聖徳太子の墓所とされる叡福寺北古墳があることで知られ、古墳は叡福寺の中にある。駅名は、太子宗を名乗る真言宗系の単立寺院、叡福寺の別名「上之太子」から採られている。

　上ノ太子駅は同じく、昭和4年3月の開業で、相対式ホーム2面2線をもつ地上駅である。駅舎は2つのホームに設けられており、南(下り)駅舎は平成16年に新設された。急行などは通過し、準急、普通が停車する。

▶古市駅

橋上駅舎化前の古市駅。当時は踏切の南側に駅があった。

昭和30年

昭和40年

撮影：今井啓輔

平成19年

撮影：岩堀春夫

撮影：芝野史郎

▲古市車庫

奈良線の800系みたいな湘南スタイルが特徴だった5801形の5805や5806。木造車からの鋼製改造車で、正面を改造して斜めにした。

▲上ノ太子駅

6200系は、6020系に冷房装置が当初から付いたタイプ。

🚶 古地図探訪
古市駅、駒ヶ谷駅、上ノ太子駅付近

　古市駅で長野線と分かれた大阪鉄道本線は、南西方向に進んで、駒ヶ谷駅、上ノ太子駅に至る。途中、石川を渡り、飛鳥川と寄り添いながら進むことになる。市川を超える地点の北側には、道路橋の臥龍橋が架かっている。古市駅の南西には、古市車庫が見え、現在は近鉄南大阪線系統の車両が所属する大きな車両基地（古市検車区）となっている。

　この古市駅周辺にも、古墳（御陵）が存在しており、日本武尊陵（白鳥陵古墳）、安閑天皇陵（高屋築山古墳）、安閑天皇皇后陵（古市高屋陵・高屋八幡山古墳）などである。駒ヶ谷駅の南東には、駒ヶ谷村が存在し、杜本神社と願永寺を示す地図記号がある。

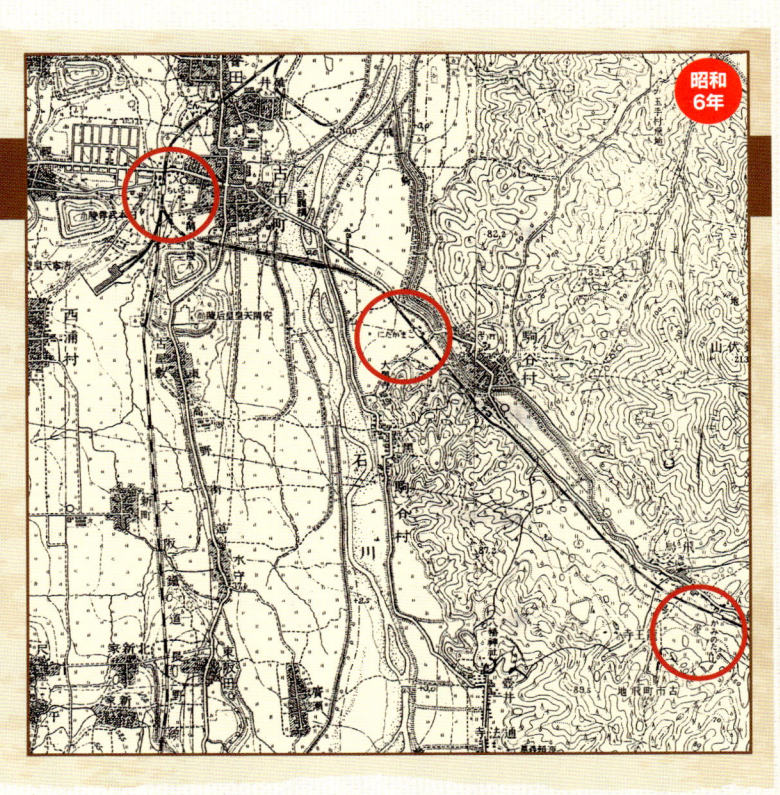

昭和6年

大阪市阿倍野区　大阪市東住吉区　松原市　羽曳野市　藤井寺市　香芝市　葛城市　大和高田市　橿原市　八尾市　柏原市　富田林市　河内長野市　御所市

71

Kisihi St. / Tondabayashi St. / Tondabayashi-Nishiguchi
喜志、富田林、富田林西口

大阪芸大河南キャンパス最寄りの「喜志」
富田林～富田林西口の駅間は0.6キロ

【喜志駅】
開業年	明治31(1898)年4月14日
所在地	大阪府富田林市喜志町3－4－32
キロ程	3.4km（古市起点）
駅構造	地上駅／2面2線
乗降客	18,128人

【富田林駅】
開業年	明治31(1898)年4月14日
所在地	大阪府富田林市本町18－17
キロ程	5.7km（古市起点）
駅構造	地上駅／2面2線
乗降客	14,459人

【富田林西口駅】
開業年	明治37(1904)年10月7日
所在地	大阪府富田林市寿町1－34
キロ程	6.3km（古市起点）
駅構造	地上駅／1面1線
乗降客	6,006人

昭和55年

提供：近畿日本鉄道

◎喜志駅
地上に駅舎があった時代。現在改札口などは地下にある。

◎富田林駅
旧駅舎と駅前。未舗装の駅前だった。

現在

◎喜志駅ホーム
富田林市内の駅で最も乗降客が多い駅。写真の車両は6422系。

昭和30年頃

提供：富田林市

　この喜志駅は、明治31(1898)年4月、河陽鉄道時代に「喜志」駅として開業した古参の駅である。その後、大正8(1919)年に「太子口」「太子口喜志」と駅名が二度変わり、昭和8(1933)年4月に元の「喜志」駅に戻った。このあたりには、昭和17年4月に富田林町に合併されるまで、喜志村が存在し、そこから駅名が採用されている。

　喜志駅の東側にあたる河南町には、大阪芸術大学河南キャンパスが存在し、キャンパスに向かうバスの発着場がこの駅前にあるため、多くの学生が通学のために利用する。相対式ホーム2面2線の地上駅で、駅舎は地下となっている。

　富田林駅は同じく明治31年4月に開業しており、このときは終着駅だった。その後、明治35年3月に滝谷不動駅まで延伸している。昭和62年10月には、喜志～富田林間が複線化されたが、富田林西口方向の路線は現在も単線のままである。駅の構造は、相対式2面2線の地上駅である。

　富田林西口駅は、明治37年10月、河南鉄道時代に学校前駅として開業した。その後、大阪鉄道（現・近鉄）の駅となり、昭和8年に現在の駅名になった。この駅の西側には、富田林市立第一中学校があるが、かつてここには河南（富田林）高等女学校が存在した。この学校は後に移転し、現在は大阪府立河南高校となっている。この富田林西口駅は、富田林市役所の最寄り駅だが、隣りの富田林駅との距離は0.6キロと短い。駅の構造は単式1面1線の地上駅である。

長野線

古地図探訪　富田林駅、富田林西口駅付近

現在の富田林市は、近鉄長野線に沿って南北に長い形で存在している。これは、従来あった富田林町に昭和17年、地図上に見える新堂村や喜志村など6村が合併し、新たな富田林町となり、昭和25年に富田林市と変わった結果である。

南側に見える学校前駅は、現在の富田林西口駅で、線路の西側に高女校(富田林高等女学校、現・府立河南高校)、河内紡績会社が存在している。高等女学校は昭和19年に西側の現在の校地に移転、跡地には富田林第一中学校ができている。一方、東側には(富田林)中学校の文字が見える。これは、現在の府立富田林高校である。

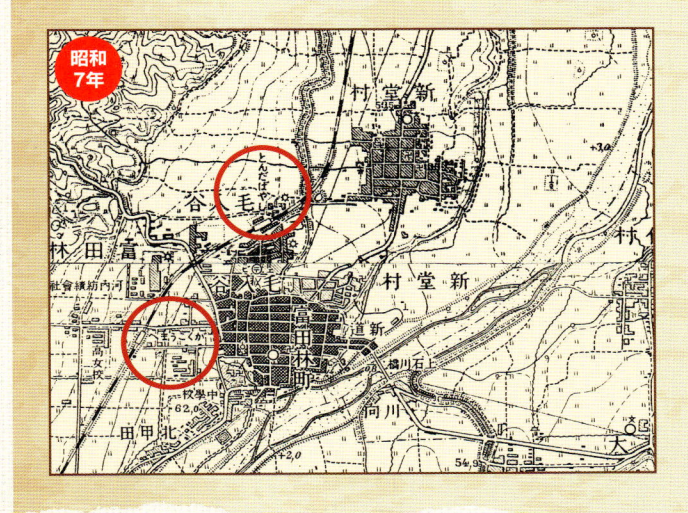

◁喜志駅 【現在】
プラットホームは地上だが、駅事務室などは地下にある。駅前のバスは、金剛自動車の路線バス。

◁富田林西口駅 【現在】
単式ホーム1面1線の棒線駅。ホーム有効長は5両分になっている。

◁富田林駅 【現在】
駅前には、遺跡顕彰事業の一環として建立された楠氏遺跡里程標が建つ。

◁富田林西口駅 【現在】
長野線は古市～富田林間が複線で、ほかは単線区間となっている。

◁富田林西口駅前
学校前駅として開業した歴史を持ち、南東約700mに府立富田林高校があり、西へ約600mに府立河南高校がある。

◁富田林駅ホーム 【現在】
ホーム有効長は8両分。準急や普通の折り返し電車も設定されている。

【昭和7年】

【昭和35年頃】
提供：富田林市

Kawanishi St. / Takidanifudo St. / Shionomiya St. / Kawachi-Nagano St.

川西、滝谷不動、汐ノ宮、河内長野

石川沿いに川西、滝谷不動、汐ノ宮駅
終点の河内長野では南海高野線に接続

昭和39年

河内長野駅
旧駅舎時代の同駅。現在は駅周辺の再開発でさらに様変わりしている。
撮影：荻原二郎

現在

川西駅
国道309号と立体交差するため、昭和57年に高架駅となった。

現在

滝谷不動駅
行き違いが可能な駅。上下のホームは構内踏切で結ばれている。

　富田林市を南下する南大阪線には、同市内に川西、滝谷不動の2駅がある。川西駅は明治44（1911）年8月、河南鉄道の川西駅として開業、一時期に廿山駅を名乗ったが、昭和8（1933）年4月に再改称して現在に至っている。単線区間であり、単式1面1線の高架駅となっている。
　次の滝谷不動駅は、明治35年3月の開業。このときは終着駅だったが、同年12月に長野（現・河内長野）駅まで延伸し、途中駅となった。この駅は、日本三不動のひとつ、瀧谷不動明王寺の最寄り駅で、そこから駅名が採用された。相対式ホーム2面2線の地上駅である。
　汐ノ宮駅は、川西駅と同じ明治44年の開業である。かつて、ここには長野温泉のひとつ、汐ノ宮温泉が存在した。現在も温泉を利用する「汐の宮温泉病院」が残っている。駅の構造は単式1面1線の地上駅である。
　河内長野駅は長野線の終着駅で、南海高野線との連絡駅でもある。まず、明治31年3月、高野鉄道（現・南海高野線）の長野駅として開業し、明治35年12月に河南鉄道（現・近鉄長野線）の長野駅が誕生した。昭和29（1954）年4月、河内長野市の市政施行に合わせて、河内長野駅と駅名を改称した。
　この駅は、近鉄と南海が共同で使用しており、南海駅は島式2面4線のホームを有し、近鉄駅は島式1面2線ではあるが、1番線ホームは使用されておらず、2番線から列車が発着している。

長野線

【川西駅】
開業年	明治44(1911)年8月1日
所在地	大阪府富田林市甲田3-2-29
キロ程	7.3km（古市起点）
駅構造	高架駅／1面1線
乗降客	3,631人

【滝谷不動駅】
開業年	明治35(1902)年3月25日
所在地	大阪府富田林市錦織2-15-1
キロ程	8.7km（古市起点）
駅構造	地上駅／2面2線
乗降客	3,318人

【汐ノ宮駅】
開業年	明治44(1911)年6月1日
所在地	大阪府河内長野市汐の宮町1-3
キロ程	10.5km（古市起点）
駅構造	地上駅／1面1線
乗降客	2,434人

【河内長野駅】
開業年	明治35(1902)年12月12日
所在地	大阪府河内長野市本町29-1
キロ程	12.5km（古市起点）
駅構造	地上駅(橋上駅)／1面2線
乗降客	11,613人

汐ノ宮駅（現在）
現在は1面1線だが、対面にホームが残り、かつては2面2線だった。

河内長野駅ホーム（現在）
南海高野線と並ぶ駅。橋上駅舎は南海と共用だが、改札は別々だ。

河内長野市内の高野街道（現在）
高野山への参詣道で、街道時代の面影が保存されている。

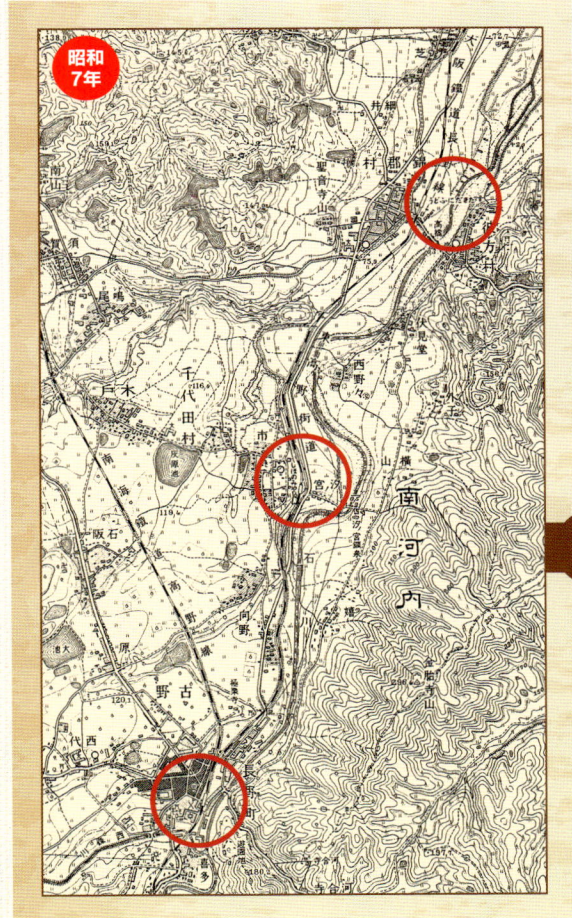

河内長野市の観心寺（現在）
奥河内の観光地のひとつで、高野山真言宗の寺院。本尊は如意輪観音である。

🚶 古地図探訪　滝谷不動駅、汐ノ宮駅、河内長野駅付近

近鉄長野線には、現在の富田林市内に滝谷不動駅、河内長野市内に汐ノ宮駅、河内長野駅が置かれている。この当時は、錦郡村や彼方村、千代田村などが存在していた。滝谷不動駅には地図上には見えない瀧谷不動明王寺、汐ノ宮駅には汐ノ宮鉱泉（温泉）、河内長野駅には遊園地（長野遊園）というように、それぞれの駅付近に観光名所があった。

この長野遊園は現在、大阪府立長野公園となり、さくらや紅葉の名所となっている。また、河内長野駅からは、国宝の金堂や木造如意輪観音坐像で有名な高野山真言宗の寺院、観心寺に向かうバスが発着している。

Nijōzan St. / Nijōjinjagachi St. / Taimadera St. / Iwaki St.

二上山、二上神社口、当麻寺、磐城

大和三山から二上山・二上神社口両駅
「当麻寺」はボタンの名所の最寄り駅

▲二上山駅
北方約1キロメートル先に近鉄大阪線の二上駅がある。

▲二上神社口駅
牡丹の開花時期になると急行が臨時停車することもある。

▲当麻寺駅
牡丹で知られる當麻寺は徒歩約15分。牡丹の開花時期には一部の急行が臨時停車する。

▲二上神社口～二上山
16000系は狭軌の南大阪線、吉野線用として設計され、昭和40年に営業運転を開始した。
撮影：岩堀春夫

　大阪線には、香芝市内に二上駅があったが、この南大阪線には、同じ香芝市内に二上山駅、葛城市内に二上神社口駅が存在する。二上山は、大阪線の二上駅のページでも触れたが、万葉集に詠まれた歴史のある山で、双耳峰のひとつ、雄岳頂上付近には大津皇子の墓があるといわれている。

　二上山駅は、昭和4(1929)年3月に大阪鉄道の駅として開業した。相対式ホーム2面2線の地上駅で、準急、普通が停車する。

　次の二上神社口駅は、二上山の雄岳山頂付近にある、葛城二上神社にちなんだ名称の駅である。この神社は、大国魂神、豊布都霊が主祭神で、創建などは不詳。本社の東側に大津皇子の墓がある。二上神社口駅は、同じ昭和4年3月の開業。平成25(2013)年12月から無人駅となっている。駅の構造は、相対式ホーム2面2線の地上駅である。

　当麻寺駅は、ボタンの名所で、中将姫伝説でも知られる当麻寺の最寄り駅で、相対式ホーム2面2線をもつ地上駅。準急、普通が停車するが、ボタンの開化シーズンには急行も臨時停車する。次の磐城駅は、当麻寺駅と同じ昭和4年3月の開業。ホームの構造は相対式2面2線の地上駅で、準急、普通が停車する。

南大阪線

【二上山駅】
開業年	昭和4(1929)年3月29日
所在地	奈良県香芝市畑4-106-2
キロ程	27.3km(大阪阿部野橋起点)
駅構造	地上駅／2面2線
乗降客	1,044人

【二上神社口駅】
開業年	昭和4(1929)年3月29日
所在地	奈良県葛城市加守544
キロ程	28.4km(大阪阿部野橋起点)
駅構造	地上駅／2面2線
乗降客	784人

【当麻寺駅】
開業年	昭和4(1929)年3月29日
所在地	奈良県葛城市當麻54-2
キロ程	30.4km(大阪阿部野橋起点)
駅構造	地上駅／2面2線
乗降客	1,368人

【磐城駅】
開業年	昭和4(1929)年3月29日
所在地	奈良県葛城市長尾220-2
キロ程	31.1km(大阪阿部野橋起点)
駅構造	地上駅／2面2線
乗降客	1,348人

▲磐城駅
旧當麻町に所在する駅。下りホーム側の側線(保守車両用)は、近鉄御所線の分岐計画の名残で、御所線は尺土駅から分岐することになった。

▲當麻寺本堂と桜
7世紀に創建された寺院で山号は「二上山」。宗派は高野山真言宗と浄土宗の並立となっている。は聖徳太子の異母弟である麻呂古王の開基と伝えられる。

▲二上神社口～二上山
さくらライナーの愛称を持つ26000系。平成2年にデビューした。
撮影:岩堀春夫

▲葛木倭文神社
二上神社口駅近くの丘陵上に東面して鎮座。神域の背後はすぐ二上山麓に接した延喜式内社である。

古地図探訪
二上山駅、二上神社口駅、当麻寺駅、磐城駅、尺土駅付近

　地図の左上(北西)から右下(南東)へ、斜めに走るのが大阪鉄道本線(現・近鉄南大阪線)である。この付近では、北側を国鉄線(現・JR和歌山線)と大阪電気軌道線(現・近鉄大阪線)が通り、当時は3路線で競合していたことがわかる。この付近の奈良盆地にも、集落の間に小さなため池が多い。また、南西には金剛山地が張り出している。
　地図の右下に見える尺土駅からは、昭和5(1930)年に開業した南和電気鉄道(現・近鉄道明寺線)が分かれている。南に向かうこの線は、南和御所町(現・近鉄御所)駅が終点で、当時は五条・橋本方面への延伸計画があった。

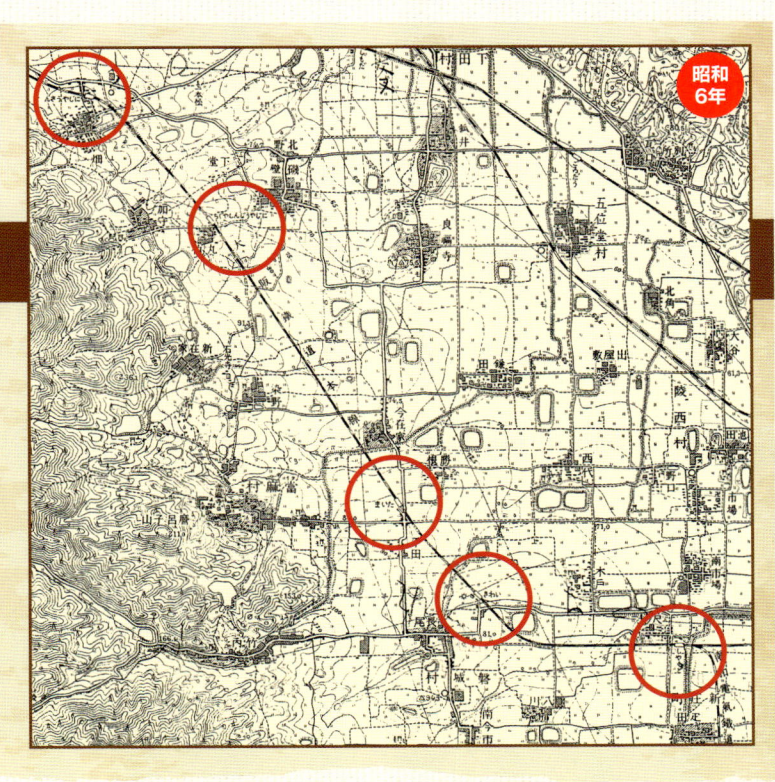

昭和6年

大阪市阿倍野区／大阪市東住吉区／松原市／羽曳野市／藤井寺市／香芝市／葛城市／大和高田市／橿原市／八尾市／柏原市／富田林市／河内長野市／御所市

77

Shakudo St.

尺土
しゃくど

平成16年に誕生した
葛城市に尺土駅
御所線との分岐点、「赤い土」から由来

【尺土駅】	
開 業 年	昭和4（1929）年3月29日
所 在 地	奈良県葛城市尺土228
キ ロ 程	32.3km（大阪阿部野橋起点）
駅 構 造	地上駅　橋上駅／2面4線
乗 降 客	4,345人

昭和40年

撮影：荻原二郎

▲尺土駅
初夏の同駅。御所線分岐駅でプラットホームが賑わっている。

現在

▲御所線
御所線は尺土～近鉄御所間の路線。ワンマン運転を行う。

現在

▲尺土駅
尺土駅前広場の整備が進んでいる。

現在

▲尺土駅
御所線との接続駅で特急、急行停車駅。右は急行吉野行きで、6020系6136編成ラビットカー塗装。

　南大阪市は、次の尺土駅までは葛城市内を走ることになる。葛城市は、平成16（2004）年10月に誕生した新しい市で、新庄町と當麻町が合併して発足した。「葛城」の名称は、古代の有力な豪族、葛城氏に由来する。また、新庄町と當麻町が含まれていた北葛城郡が明治30（1897）年に発足し、現在も引き続き存在している。

　尺土駅は、南大阪線の主要駅のひとつで、御所線との分岐駅であり、特急を含めた全列車が停車する。この尺土駅付近の南大阪線は、竹ノ内街道（国道166号）の南側を進むことになる。「尺土」の駅名、地名は、このあたりから赤い土が出たことで、「赤土」から「尺土」に変わったとされる。

　この駅の開業は、昭和4（1929）年3月、大阪鉄道の古市～久米寺(現・橿原神宮前)間の開通時である。昭和5年12月には、南和電気鉄道(現・近鉄御所線)の尺土～南和御所町(現・近鉄御所)間が開業、連絡駅となった。この駅で接続する大阪鉄道、南和電気鉄道ともに近鉄の前身のひとつである。

　現在の駅の構造は、島式ホーム2面4線を有する橋上駅で、改札口は高架通路（2階）に設けられている。平成6年までは、単式・島式の2面3線のホームであった。

通勤と葛城山へのアクセス路線の御所線

　葛城市の尺土と御所市の近鉄御所間を結ぶ路線総延長5.2kmの単線路線。尺土は南大阪線と接続しており、南大阪線阿部野橋、古市への直通運転もあることから、大阪方面への通勤路線として珍重されている。当線の中間に近鉄新庄、忍海の2駅があり、どちらも葛城市に属している。朝のラッシュ時には1時間に5往復、それ以外の時間帯は4往復が運転されている。準急・急行を含めて全列車が各駅に停車する。線内の折り返し列車は、一部を除いてワンマン運転を行っている。

　開業は昭和5（1930）年で、南和電気鉄道が尺土〜南和御所間（現・近鉄御所）を開通させた。開業当初は五條・橋本方面まで南進させる計画があったが、実現には至らなかった。近鉄御所が終点でありながら中間駅のような構造をしているのは、計画の頓挫によるものといえよう。近鉄御所からは連絡バスで葛城山索道線（葛城山ロープウェイ）に接続している。

近畿日本御所駅（昭和40年）
駅前広場に面してプラットホームの上屋風の屋根が付く。

近畿日本御所駅（昭和40年）
近鉄御所駅に改称するのは昭和45年のこと。モ5621形の2連が写る。

近畿日本新庄駅（昭和40年）
昭和45年に近鉄新庄駅へ改称。

忍海駅（昭和40年）
旧駅時代の写真。現在は旧駅よりも南に位置する。

大手私鉄が営業する唯一の索道の葛城山ロープウェイ

　通称「葛城山ロープウェイ」と呼ばれる索道線で、昭和42（1967）年に開業した。路線距離は1421mで、始点の葛城登山口と終点の葛城山上の2駅があり、561mの高低差を複線交走式によって、所要時間6分で結んでいる。

　使用するゴンドラは、平成11（1999）年に2代目搬器として新造された近畿車輛製の「はるかぜ」「すずかぜ」の2台で、定員は51名。30〜60分ごとに運行している。通常は昼間時のみの運行だが、元日には初日の出見物のための早朝運行も行われている。運賃は片道＝大人740円、小人370円、往復＝大人1250円、小人630円。

　近鉄御所駅から奈良交通の路線バスに乗り、「葛城ロープウェイ」停留所下車でアクセスする。

Takadashi St. / Ukiana St.

高田市、浮孔
昭和4年に「高田町」、昭和23年改称
高田市・橿原市の境界付近に浮孔駅

【高田市駅】
開業年	昭和4(1929)年3月29日
所在地	奈良県大和高田市片塩町17-4
キロ程	34.2km（大阪阿部野橋起点）
駅構造	高架駅／2面2線
乗降客	7,619人

【浮孔駅】
開業年	昭和4(1929)年3月29日
所在地	奈良県大和高田市田井11
キロ程	35.6km（大阪阿部野橋起点）
駅構造	地上駅／2面2線
乗降客	1,474人

昭和55年 提供：近畿日本鉄道

昭和35年 提供：大和高田市
▲高田市駅
駅のプラットホームの高さにあわせるため、これだけ駅舎への高さがある。

▲高田市駅
土盛りの高架駅のため駅舎には長い階段があった。

現在
▶高田市駅
昭和26年に盛土による高架駅となった。

◀高田市駅
現在は段差が解消され、階段なしで駅舎へ入れる。

昭和31年 提供：大和高田市

　葛城市から大和高田市に入った南大阪線は、高田市駅に到着する。前述の通り、同じ近鉄の大阪線には、大和高田駅が存在し、その中間にＪＲの高田駅が挟まれている。なお、大和高田市の前身は、明治22(1889)年4月に誕生した高田町で、昭和23(1948)年1月に市制を施行し、現在の市名となった。
　高田市駅は、昭和4年3月、大阪鉄道の高田町として開業している。昭和23年の市制施行と同時に現在の駅名に改称した。駅の構造は相対式2面2線のホームをもち、昭和26年9月に盛り土の上の高架駅となった。この駅には、特急以下、すべての列車が停車する。

　高田市駅を出た南大阪線は、JR和歌山線の線路を跨ぎ進んでいく。次の浮孔駅も、同じ大和高田市内に置かれているが、すぐ東側には橿原市との境界線が存在する。この「浮孔」の駅名は、駅誕生時に存在していた浮孔村に由来する。浮孔村は明治22年4月に誕生し、昭和16(1941)年1月に高田町に編入されるまで存在した。駅名の由来は、安寧天皇の「片塩浮穴(孔)宮」によるとされている。
　駅の開業は昭和4年3月で、駅の構造は相対式ホーム2面2線の地上駅で、急行は通過し、区間急行、準急などは停車する。平成25(2013)年12月から、無人駅となっている。

古地図探訪

高田市駅、浮孔駅付近

大阪鉄道本線は、高田町（現・大和高田市）駅の東側で、国鉄和歌山線と交差する。すぐ東側は当時の浮孔村で、葛城川を渡った先に浮孔駅が置かれている。高田町を東西に貫くのは、現在の国道166号の前身である。一方、現在では浮孔駅の南側を東西に走る大和高田バイパスが誕生しており、この道は国道24号、165号、166号のバイパスの役割を果たしている。大阪鉄道の線路南側、「甘田」の文字の北側にある「文」の地図記号は、大和高田市立片塩中学校である。

昭和6年

昭和41年
⬆ 高田市駅
構内踏切があった頃。駅付近には奈良県立高田高校がある。構内踏切は昭和55年に姿を消した。
提供：大和高田市

昭和55年
⬆ 高田市駅前
昭和50年代中頃の駅前の様子。当時の大和高田市の人口は6万人。
提供：大和高田市

昭和41年
⬆ 高田市駅
高田市駅に到着する6412号他の列車。
撮影：今井啓輔

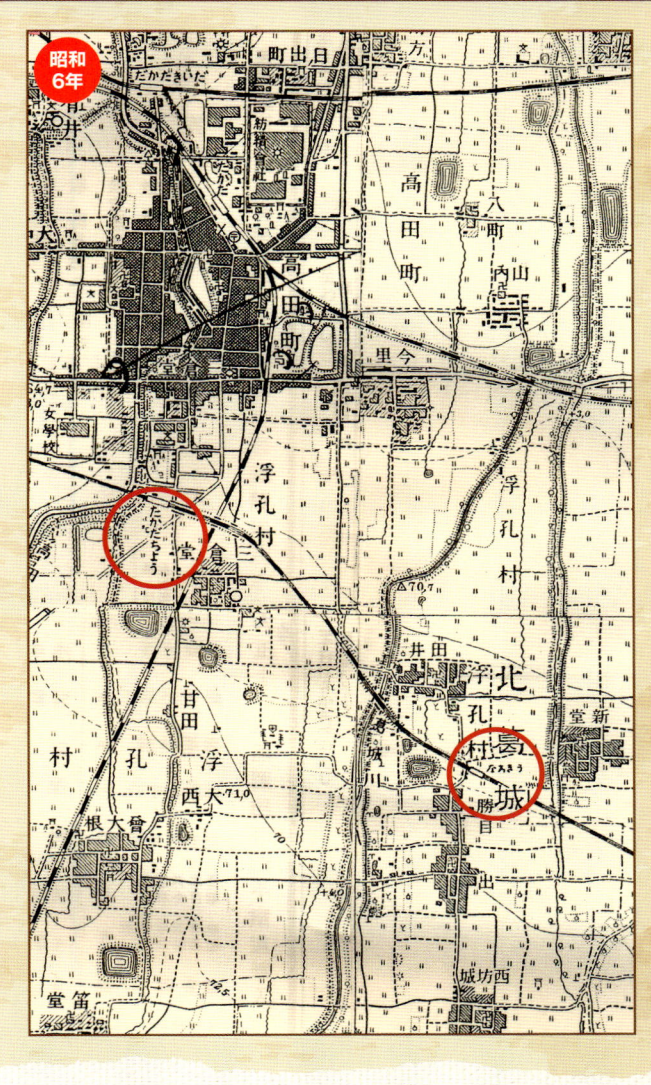

現在
⬆ 浮孔駅
駅舎（改札口）は、大阪阿部野橋方面行きホームの古市寄りに設けられている。
撮影：今井啓輔

Bōjō St. / Kashiharajingū-Nishiguchi St.
坊城、橿原神宮西口
(ぼうじょう、かしはらじんぐうにしぐち)

「坊城」は豪族の名から、昭和4年開業
開業時は「大和池尻」、昭和15年改称

【坊城駅】

開業年	昭和4（1929）年3月29日
所在地	奈良県橿原市東坊城町281－2
キロ程	36.8km（大阪阿部野橋起点）
駅構造	地上駅／2面2線
乗降客	3,204人

【橿原神宮西口駅】

開業年	昭和4（1929）年3月29日
所在地	奈良県橿原市西池尻町376－2
キロ程	38.5km（大阪阿部野橋起点）
駅構造	地上駅／2面2線
乗降客	2,524人

◀坊城～橿原神宮西口 （平成2年）
「吉野」のマークを付けて走る16000系。16000系のなかには、大井川鐵道へ渡った編成もある。
撮影：岩堀春夫

◀坊城～橿原神宮西口 （平成2年）
南大阪線で一番車両数が多い6020系。ただし、写真の6027編成はすでに廃車されている。
撮影：岩堀春夫

▲坊城駅 （昭和40年）
南大阪線を代表する電車のひとつモ6601形。日本初の20m級車体の電車としても知られる。
撮影：今井啓輔

　浮孔駅を出た南大阪線は、京奈和自動車道・国道24号を越えて南東に進んでゆく。橿原市に入った最初の駅が「坊城」である。この駅名は、中世にこの地を支配していた豪族、越智氏の一族、坊城氏に由来するとされる。

　坊城駅は昭和4（1929）年3月、大阪鉄道の古市～久米寺（現・橿原神宮前）間の延伸時に開業した。現在の駅は相対式ホーム2面2線の地上駅で、改札口、コンコースは地下、ホームは地上にある。急行は通過し、区間急行、準急などが停車する。

　次の「橿原神宮西口駅」は、昭和4年3月に「大和池尻駅」として開業した。昭和14年8月、隣の「久米寺駅」との間にあった「橿原神宮駅」が廃止されている。昭和15年4月、「大和池尻駅」は現在の「橿原神宮西口」に駅名を改称。このときに、隣りの久米寺駅が「橿原神宮駅駅」となった。駅の構造は、相対式ホーム2面2線のホームを有する地上駅で、改札口は地下にある。区間急行、準急などが停車し、現在は無人駅となっている。

　この橿原神宮西口駅の北側には、橿原神宮および畝傍山、神武天皇陵が存在する。畝傍山は、大和三山のひとつで、「万葉集」では、「瑞山」とも呼ばれていた。標高は198.8メートルで、三山の中では最も高い。この山の北東の麓に神武天皇陵が置かれており、神武天皇はこの付近に畝傍橿原宮を造ったといわれている。

橿原神宮

　橿原神宮は明治23（1890）年、明治天皇により、官幣大社として創建された神社である。この地には、初代神武天皇が畝傍橿原宮を置いたといわれており、北側には神武天皇陵が存在している。創建当時は、民間にもこの地を調査し、神社を建築しようという動きがあり、明治政府が京都御所から賢所と神嘉殿が移築し、社殿とした。

　その後、宮域の拡張および社殿の造営などが続けられ、鉄道の駅も整備された。そして、昭和15（1940）年に神武天皇即位（皇紀）2600年を迎えるにあたり、奉祝記念事業として、新たな建設・整備が計画され、建国奉仕隊が作業に従事した。その数はのべ121万人に達したといわれている。

　昭和15年2月11日の紀元節（現・建国記念日）には、約70万人が参拝し、紀元2600年奉祝紀元記念大祭が挙行された。6月11日には昭和天皇が参拝している。この年は全国から約1,000万人が橿原神宮に参拝し、玄関口である橿原神宮駅駅、橿原神宮西口駅などは大いに賑わった。

　現在は元旦の初詣の人出が多く、奈良県では春日大社とともに双璧とされているほか、紀元節や春の神武天皇祭（4月3日）にも多くの参拝客が訪れている。また、神苑の東側には奈良県立橿原公苑が整備され、野球場や陸上競技場が存在し、奈良県立橿原考古学研究所、同付属博物館も置かれている。

旧・橿原神宮前駅（昭和戦前期）

橿原神宮拝殿（昭和戦前期）

橿原神宮駅駅（昭和戦前期）

古地図探訪
坊城駅、橿原神宮西口駅付近

　奈良盆地の平地部分を走ってきた大阪鉄道。直線で走るこの付近では、線路の南側には忌部山、北側には大和三山のひとつ、畝傍山を望むことになる。忌部山は標高108.5メートルで、弥生時代の忌部山遺跡があることで知られる。

　一方、畝傍山の山麓には、橿原神宮があり、この神宮に由来する大和池尻（現・橿原神宮西口）駅が置かれている。坊城駅の東側には曽我川の流れが見え、かなり蛇行している様子がわかる。駅の北東、現在は大和高田バイパスが通る南側には、総合プールや硬式・軟式野球場などを備えた橿原運動公園が誕生している。

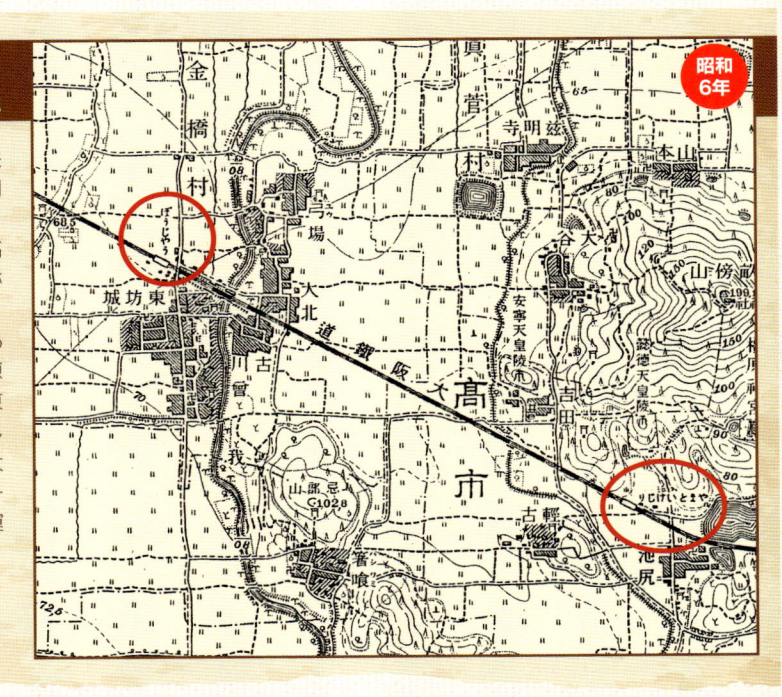

Kashiharajingū-Mae St.

橿原神宮前

神武天皇を祀る、橿原神宮の最寄り駅
南大阪線・吉野線・橿原線の3線接続

【橿原神宮前駅】

開業年	昭和4(1929)年3月29日(南大阪線)
所在地	奈良県橿原市久米町618
キロ程	39.7km(大阪阿部野橋起点)
駅構造	地上駅／4面8線
乗降客	18,551人

▲駅駅と付いた橿原神宮駅駅(現・橿原神宮前駅) 〔昭和39年〕

当時の駅名は、駅名の中に駅が含まれる珍しいもので、駅駅となり、昭和45年に橿原神宮前駅へ改称するまで続いた。写真は、初代新歌舞伎座を設計した村野藤吾による神明造りの中央口駅舎。

撮影：荻原二郎

▲橿原神宮駅駅 〔昭和39年〕

駅は、標準軌の橿原線と狭軌の南大阪線・吉野線でのりばが異なり、各のりばの間に中央口駅舎があり、各のりばに接して、東西の各駅舎もある。写真は旧駅舎時代。

撮影：荻原二郎

▶橿原神宮前駅 〔現在〕

橿原線側の東口の駅舎は社寺風。

▲橿原神宮駅駅 〔昭和40年〕

写真に写る東西の各駅舎の駅名標は、本来なら駅駅になるところだが、橿原神宮駅になっている。(上記の写真も同様)

撮影：荻原二郎

　現在の橿原神宮前駅は、南大阪線、吉野線、橿原線の接続駅であるが、その成立の歴史は複雑である。まず、大正12(1923)年3月、大阪電気軌道(大軌)に属する畝傍線(現・橿原線)の終着駅として、旧「橿原神宮前」駅が開業。この駅には同年12月、吉野鉄道(現・吉野線)が乗り入れている。この旧「橿原神宮前駅」は昭和14(1925)年7月まで存在した。

　一方、昭和4年3月、大坂鉄道(現・南大阪線)が延伸し、「橿原神宮駅」と「久米寺駅」が開業した。このとき、吉野鉄道も接続駅として、「久米寺駅」を開設し、これが現在の「橿原神宮前駅」の前身である。このうちの「橿原神宮駅」は昭和14年8月、わずか10年間の歴史に終止符を打っている。

　こうした路線と駅が昭和14年7月に整理される。畝傍線と吉野線が整備されて橿原線となり、八木西口〜久米寺間の新線が誕生して「橿原神宮駅」が廃止。大軌の「久米寺駅」が、「橿原神宮駅駅」となって発展した。昭和45年には、現在の「橿原神宮前駅」に駅名が改称されている。

　駅名の由来となった「橿原神宮」は、明治23(1890)年に神武天皇を祀るために創建された。紀元2600年にあたる昭和15年には、昭和天皇が行幸したほか、多くの参拝客が参拝した。

　橿原神宮前駅の構造は、中央改札口を挟んで、2つの島式2面4線のホームをもつ地上駅である。また、標準軌(広軌)の橿原線と狭軌の南大阪線・吉野線が接続する関係で、敷地内に台車交換用の「振替場」が設けられている。

南大阪線

昭和41年

▲橿原神宮駅駅
モ5651形による急行吉野行。モ5601形は側面窓が二段だが、こちらはスマートな一段。

撮影：荻原二郎

昭和40年

▲橿原神宮駅駅
モ5601形のモ5613。元は南大阪線の前身にあたる大阪鉄道のデイ1形デイ12で、事故で破損後に鋼製車体化され、モ5601形モ5613になった。

撮影：荻原二郎

現在

▲橿原線のホーム
橿原神宮〜京都間を結ぶ急行と特急。南大阪線の狭軌に対して、橿原線は広軌（標準軌）の路線である。

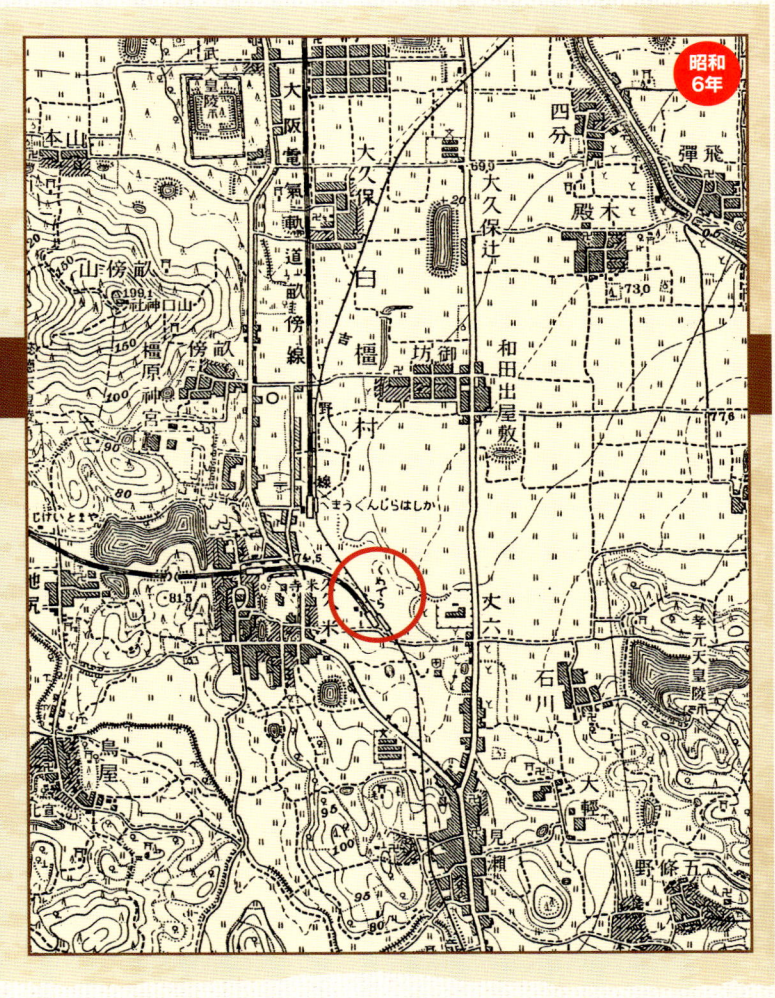

古地図探訪
橿原神宮前駅付近

　現在の近鉄南大阪線、橿原線、吉野線が成立する前の地図であり、大阪鉄道本線や大阪電気軌道（大軌）畝傍線、吉野線が見える。吉野軽便鉄道に起源をもつ吉野線は、昭和4年に吉野鉄道から買収され、大軌の所属となっている。地図上に見える駅としては、大阪鉄道には、大和池尻（現・橿原神宮西口）駅、橿原神宮駅（後に廃止）、久米寺（現・橿原神宮前）駅がある。

　また、畝傍線に橿原神宮前駅、吉野線に橿原神宮前駅、久米寺駅、岡寺駅が存在している。なお、北へ向かう路線は省線桜井線の畝傍駅で結ばれており、途中駅の小房駅の名から小房線と呼ばれた。現在は橿原神宮西口駅と橿原神宮前駅の中間付近、南大阪線の南側に奈良芸術短大のキャンパスが誕生している。

昭和6年

85

近鉄随一の山岳路線
吉野線の懐かしい風景

　南大阪線と橿原線に接続する橿原神宮前から吉野までの路線総延長25.2kmの路線を、起終点駅を含む16駅で構成している。全線が単線区間で、列車は最大で4両編成となっている。ほぼすべての列車が南大阪線と直通運転をしており、日中は特急と線内のすべての駅に停車する急行のみが運転している。準急・普通列車は主として朝と夜に運転される。南大阪線は最大8両編成で運行されているため、橿原神宮前で車両の増・解結を行うことが多い。

　特急は橿原神宮前、飛鳥、壺阪山、吉野口、福神、下市口、六田、大和上市、吉野神社、吉野に停車する。このうち飛鳥は大手私鉄では唯一村（明日香村）にある駅で、なおかつ特急停車駅でもある。また、大和上市は近鉄全線でただ1つの単線ホームの特急停車駅である。これら特急停車駅以外の6駅（岡寺、市尾、葛、薬水、大阿太、越部）はすべて終日無人駅となっている。

　吉野線は大正元（1912）年に吉野軽便鉄道（翌年、吉野鉄道に社名変更）が吉野口〜吉野（現・六田）間を開業したことによってスタートした。そして、大正12（1923）年には橿原神宮前（旧）〜吉野口間を全線電化で開業し、大阪電気軌道（大軌）畝傍線（現・近鉄橿原線）と連絡した。さらに、昭和3（1928）年には従来の吉野を六田に改称して、六田〜吉野間を開業することによって全通させた。翌年には久米寺（現・橿原神宮前）駅を開業し、同駅までの路線を開業した大阪鉄道（現・近鉄南大阪線）との直通運転を開始する。同15（1940）年、久米寺を橿原神宮駅（現・橿原神宮前）に統合した。

　その後、同40（1965）年に大阪阿倍野橋〜吉野間に特急の運転を開始し、同45（1970）年には駅名を橿原神宮駅から橿原神宮前に改称している。また、平成2（1990）年には吉野特急の30分間隔での運転を開始して、現在の運行体制を確立した。終点駅の吉野からは、吉野山旅客索道（吉野ロープウェイ）の千本口駅に接続している。

吉野駅（昭和49年）
桜の名所として知られる吉野山の玄関口。駅舎は社殿風で、近畿の駅百選に選定されている。

吉野山ロープウェイ（昭和49年）
吉野大峯ケーブル自動車運営の吉野山ロープウェイが吉野駅前で接続し、吉野山へアクセスしている。写真は吉野駅前の千本口駅。

吉野口駅（昭和45年）
国鉄（現・JR）和歌山線と近鉄吉野線の接続駅で共同使用駅。当時、国鉄和歌山線は非電化だった。

大和上市〜吉野神宮の吉野川（昭和43年）
吉野川を渡る電車。橋を渡れば吉野神宮駅で、次は終点吉野駅だ。

貨物列車（昭和43年）
かつては貨物列車も走った。貨物営業の廃止は昭和59年のことだった。

吉野駅（昭和49年）
真ん中に幅の広いホームがある櫛形3面4線の終着駅。今も昔も桜の時期には多くの乗降客で賑わう。

古地図探訪　六田駅〜吉野駅付近

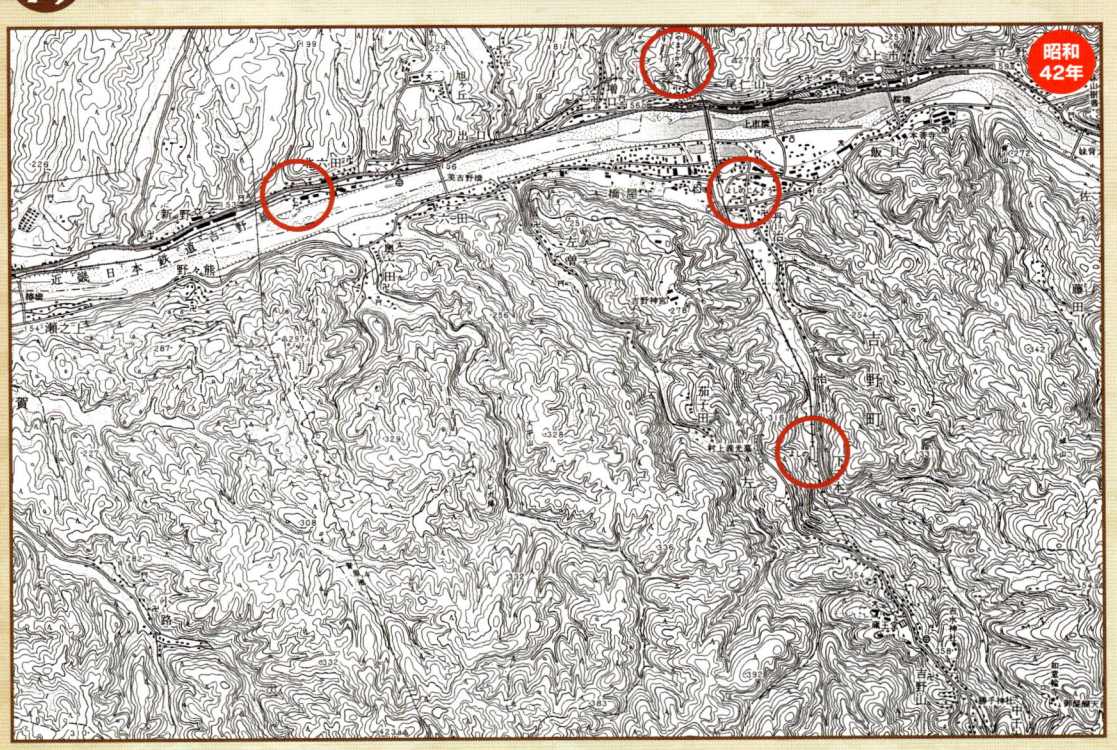

昭和42年

　吉野川の北を東に向かって走ってきた近鉄吉野線は、大和上市駅を過ぎて間もなく、この川を渡り、今度は南に向かうことになる。終点の吉野駅の手前には、もうひとつ、吉野神宮駅が置かれている。この吉野線は、前身の吉野軽便鉄道の時代には、現在の六田（当時・吉野）駅が終点駅だった。吉野神宮駅の南西には、駅名の由来となった吉野神宮が存在し、その南側には「村上義光墓」の文字も見える。吉野駅の南側には、千本口〜吉野山間の吉野ロープウェイが営業している。

生田 誠（いくた まこと）

昭和32年、京都市東山区生まれ。東京大学文学部美術史学専修課程修了。産経新聞東京本社文化部記者などを経て、現在は地域史・絵葉書研究家。絵葉書を中心とした収集・研究を行い、集英社、学研パブリッシング、河出書房新社、彩流社等から著書多数。

【執筆協力】

辻 良樹（つじよしき）※写真解説

昭和42（1967）年、滋賀県生まれ。鉄道関係のＰＲ誌編集を経てフリーに。著書に『関西 鉄道考古学探見』『にっぽん列島車両図鑑』（ともにJTBパブリッシング）、『京王電鉄 各駅停車』『小田急電鉄 各駅停車』（ともに洋泉社）他多数。

矢嶋秀一（やじま しゅういち）※コラム執筆

昭和23（1948）年、長野県松本市生まれ。上智大学在学中からフリーライターとして「週刊ポスト」（小学館）の取材・執筆等にあたる。同誌記者として15年間活動した後に独立。著書に『西武鉄道1950～1980年代の記録』、『東武東上線 街と駅の1世紀』（彩流社）、『京急電鉄各駅停車』（洋泉社）ほか多数。

【写真提供】

近畿日本鉄道株式会社、株式会社産業経済新聞社
J.WALLY HIGGINS、青木浩二、今井啓輔、岩堀春夫、荻原二郎、亀井一男、芝野史郎、高田隆雄、中西進一郎、西尾源太郎、野口昭雄、山本雅生
東大阪市、八尾市、松原市、富田林市、大和高田市、橿原市

【絵葉書提供】

生田 誠

近鉄大阪線・南大阪線　街と駅の1世紀
（きんてつおおさかせん　みなみおおさかせん　まちえきのせいき）

発行日	2016年4月5日　第1刷　※定価はカバーに表示してあります。
著者	生田 誠
発行者	茂山和也
発行所	株式会社アルファベータブックス
	〒102-0072　東京都千代田区飯田橋2-14-5　定谷ビル
	TEL. 03-3239-1850　FAX.03-3239-1851
	http://ab-books.hondana.jp/
編集協力	株式会社フォト・パブリッシング
デザイン・DTP	柏倉栄治
印刷	モリモト印刷株式会社

ISBN 978-4-86598-811-6 C0026

本書は日本出版著作権協会（JPCA）が委託管理する著作物です。
複写（コピー）・複製、その他著作物の利用については、事前にJPCA（電話 03-3812-9424、e-mail:info@jpca.jp.net）の許諾を得てください。なお、無断でのコピー・スキャン・デジタル化等の複製は著作権法上での例外を除き、著作権法違反となります。